香港文學館
The Museum of Hong Kong Literature

—— 首席惠澤機構 ——

香港賽馬會慈善信託基金

# 品賞——香港文學館館刊


**館　長**　潘耀明

**主　編**　潘耀明

**副 主 編**　莊　園

**出版部經理**　蒙　憲

**封面題簽**　金耀基

**裝幀設計**　Yousa Li

**印　刷**　美雅印刷





**香港文學館管理有限公司出版**

館　址：香港灣仔茂蘿街7號3樓

辦公室：香港灣仔軒尼詩道36號循道衛理大廈14樓香港文學館管理有限公司

電　話：(852)29888331/29888323　傳真：(852)29888663

電　郵：info@mhkl.com.hk　網址：http://www.mhkl.com

**Museum:** 3/F,7 Mallory Street,Wanchai,Hong Kong

**Office:** 14/F, Methodist House,36 Hennessy Road,Wanchai,Hong Kong

**Tel:** (852)29888331/29888323　**Fax:** (852)29888663

**Email:** info@mhkl.com.hk

**Website:** http://www.mhkl.com


## 稿約

＊本刊各欄目歡迎投稿，因篇幅有限，本刊有權刪節文章。

＊來稿請寫明作者真實姓名及聯絡辦法。

＊請勿一稿多投（包括網絡媒體）。

＊文章三個月內不獲通知採用，作者可自行處理。

## 「香港文學館」董事局成員

**董事會主席：**

鄭志剛　K11 創辦人、周大福董事

**執行董事：**

陳　致　北京師範大學—香港浸會大學聯合國際學院校長暨講座教授，香港人文學院院士

**董事會成員**（按姓氏筆劃為序）：

貝鈞奇　香港作家聯會永遠榮譽會長、香港中華出入口商會會長
李焯芬　香港大學饒宗頤學術館館長
金耀基　原香港中文大學校長、香港中文大學榮譽講座教授
張　珍　香港珠海學院署理校長
張國良　香港新聞工作者聯會會長
楊孫西　香江國際集團創辦人董事長及首席執行官
鄭培凱　中國民間文藝家協會香港分會主席

## 「香港文學館」顧問團

**榮譽贊助人：**

李家超　香港特別行政區行政長官

**榮譽館長：**

金耀基　原香港中文大學校長、香港中文大學榮譽講座教授

（以下按姓氏筆劃為序：）

王英偉　香港文化委員會副主席
李歐梵　美國哈佛大學榮休教授、聖方濟各大學研究教授
李子建　香港教育大學校長
李大宏　香港大公文匯傳媒集團董事長兼社長
何順文　香港恒生大學校長
金聖華　香港中文大學翻譯學榮休講座教授
林群聲　香港都會大學校長
林青霞　著名演員、作家
林天行　中國文學藝術界聯合會香港會員總會常務副會長、著名畫家
周文港　香港立法會議員、香港教育大學協理副校長
郭　位　香港城市大學高等研究院資深院士
段崇智　香港中文大學校長
胡鴻烈　香港樹仁大學校監
韋　然　音樂人、香港兒歌之父
殷巧兒　香港中文大學聯合書院董事會主席、維德教育發展有限公司常務董事
陳新滋　香港浸會大學榮休校長、廣州華商學院校長
馮國培　香港中文大學聯合書院基金會主席、學海書樓主席
張　翔　香港大學校長
張隆溪　香港城市大學比較文學與翻譯講座教授
黃均瑜　香港教育工作者聯會會長
滕錦光　香港理工大學校長

## 「香港文學館」文化學術館藏委員會

（按姓氏筆劃為序）

**王義文** 香港珠海學院教育科技服務處資訊總監
**毛　升** 香港樹仁大學歷史系助理教授
**李東輝** 香港嶺南大學協理校長
**何冀平** 香港著名編劇家
**沈西城** 香港作家
**杜若鴻** 香港大學中文學院講師
**周蜜蜜** 香港兒童文學家、香港作家聯會副會長
**施仲謀** 香港教育大學中國語言學系教授
**陳　致** 北京師範大學—香港浸會大學聯合國際學院校長暨講座教授，香港人文學院院士
**梁慕靈** 香港都會大學人文社會科學院副院長、副教授
**張倩儀** 香港資深出版人，原香港商務印書館總編輯
**張雙慶** 香港中文大學中文系榮休教授
**許子東** 香港大學中文學院名譽教授
**馮錦榮** 香港珠海學院文學與社會科學院院長、中國文學系署理系主任、教授
**黃子平** 中國當代文學批評家、香港浸會大學語文中心榮譽作家
**黃心村** 香港大學比較文學系教授
**黃維樑** 原香港中文大學中文系教授
**黃坤堯** 香港能仁專上學院中文系教授
**舒　非** 香港作家、香港作家聯會常務理事
**梅　真** 香港珠海學院副教授
**焦　揚** 香港浸會大學傳理學院客座講師
**葛　亮** 香港浸會大學中文系教授
**董就雄** 香港珠海學院中國文學系教授
**鄭培凱** 中國民間文藝家協會香港分會主席
**潘耀明** 香港作家聯會會長、世界華文文學聯會會長兼召集人
**潘銘基** 香港中文大學中文系教授
**羅光萍** 香港藝術發展局文學組主席、香港作家聯會執行會長

# 創刊詞

潘耀明

由香港作家聯會牽頭，經過十九年的不斷奔走、呼籲，終於獲得香港特區政府的認同，支持建立香港文學館，並由香港賽馬會慈善信託基金捐助。香港文學館座落在香港灣仔茂蘿街七號三樓，佔地只有二千多呎，地方不大，起碼有一個文學平台，是商業大潮擠壓下香港寫作人的一個小小家園。我們希望從這個小舞台出發，逐步開展香港文學的研究整理工作及香港文學推廣活動。

得道多助，我們文學館的成立，引起社會及文學界的熱烈反響，不少作家及已逝作家的家屬捐出手跡。與此同時，我們也獲得宋淇先生公子宋以朗借出張愛玲的手跡，特別是允許我們的館刊首次披載張愛玲從未全本公開發表過的電影劇本手稿，彌足珍貴。

## 張愛玲的道門

南來作家之中，張愛玲是一張名片。這張名片，隨着她的身後，行情一天天地上漲。

那天與宋以朗先生閒聊，他告訴我，目下有人在學「張愛玲體」。「張愛玲體」是什麼？相信沒人說得清楚。她的字，猶如一個小小的蝌蚪，細看是靈動的，自成方圓。

金庸說，他沒有學過書法，但，金庸的字就是金庸體，有他自己的個性。這個性他自己是否說得清楚，其實也不一定。張愛玲體的個性是什麼？一時也不了了之，那是日益壯大的張愛玲研究隊伍的課題了。

記得某次黃永玉請金庸吃飯，我是陪客。黃永玉剛寫完一幀書法，看我喜歡，隨手送給我。

黃永玉的書法，與他的作風一樣，是張揚不羈的；金庸的字是不張揚的，和他的人一樣，平常畢挺西裝的他，偶爾也說一些幽默但並不顯露的話：張愛玲的一身民國女子的裝束，很嚴實，不容易窺破。

若讓我看張愛玲的書法——其實是硬筆字，也看不出道門。道門是道教的別稱。「道」與「道路」、「報道」蘊含四通八達的意思，反正何去何從，不容易捉摸。

說是道門深遠，就是是難以入堂奧的意思，張愛玲的書道，也別有一番深遠莫測的情味。我想要學張愛玲或金庸的書法不易，因為他們的書法是自出機杼的。

說了這麼多的話，只是想表達一個意思，本期《品賞》首次披載的張愛玲電影劇本手稿，並不僅僅是電影劇本，還有從未公開的手跡。

其中還有一段故事，宋以朗先生說，這部張愛玲的電影劇本是應宋淇之邀而寫的，因為當時宋淇在電懋電影公司任事。張愛玲寫好後，宋淇卻移枝別棲——轉到邵氏電影公司，所以這劇本手稿保留了下來。電影沒有拍成，劇本手稿也從未曝光。

相信張學的研究者又可以大作文章，除了劇本本身，還有不少道門可以探索和發揮，比如張愛玲筆下的對話、遣詞用句，男女主角的情愛和變奏，乃至張愛玲的電影劇本和書法及故事內的芸芸人物……可以寫出一部部煌煌研究巨作。

因為她是張愛玲！

張愛玲小說過去被評為「市井文字」，像極了家鄉小炒，端不上檯面。時移世易，也許來自家鄉的味道，是別家所闕如，所以更顯其出眾不拔的地方。走筆至此，還要特別感謝宋以朗先生把這部埋藏在漫漫歲月塵土下的珍貴文物提供給我們首發、公佈。

這蘊含着他對香港文學館的殷殷寄望，對這一份深款的情誼，我們將視為莫大的策勵，珍之、重之，好好去品賞、細味。

《品賞》顧名思義是品味和欣賞。「品」和「賞」都要有閒心，如喝茶，如果用「品茗」冠之，境界便不一般。古有「禪茶一味」，已是哲學的層次了。這一期既有「文品」，也有「藝品」，希望讀者能品出其況味。

魂歸離恨天
張愛玲
人物（年齡係劇中早年）
葉湘容——十九歲
沁芝
龍祥——十九歲
葉祖培——湘容之弟，十七歲
葉太太——湘容之母
高紹蘇——廿歲

錄大天。[redacted]
老王——董家僕人，四十五歲，胖大有力者也。
高宅僕人多人。
舞會賓客。
高安——緒蘇之父
董家女僕一。
議館同新僕一人。

CABLES

# 張愛玲電影劇本《魂歸離恨天》

香港文學館重視作家手跡的收藏與保存，館刊將深化這個理念，通過推介作家的手稿，讓讀者在文學的「隱私印記」中回到文化與歷史的現場。《魂歸離恨天》手稿全本由張愛玲文學遺產執行人宋以朗先生授權刊發。從張愛玲寫給宋淇的書信推測，此劇寫於二十世紀六十年代。

《品賞》以相同的比例輔以高清處理，刊出張愛玲「魂」劇的每一頁手稿，用珍藏級別的宣紙製作成附冊。正刊則以印刷體文字相對照，讓研究者及讀者可細細品賞。

宋以朗先生指出，之前不在別的地方刊載此劇，是不想藉張愛玲賺取出版費。他欣賞文學館刊的理念，才將《魂歸離恨天》的手稿在此全文披載。他還慷慨地為本刊提供了多幅珍貴的插圖。

在此特別鳴謝宋以朗先生的信任與支持。

——編者按

張愛玲在上海，拍攝於 1944 年

Stephen:

附上「魂歸離恨天」劇本。雖然知道你已入邵氏，但是我這些年來一直為電懋寫劇本，連原著「一爐香」版權都賣給電懋，所以總有一點感情。現在不希望因你私人的關係而影響到以往合作的歷史，希望你不要見怪，並仍由你轉交給電懋。匆此祝

好

愛玲　四日

張愛玲 1966 年拍攝於美國華盛頓

# 魂歸離恨天

張愛玲

## 人物（年齡係劇中早年）

葉湘容——十九歲
永生
端祥——十九歲
葉祖培——湘容之弟，十七歲
葉太太——湘容之母
高緒蓀——廿歲
高緒蘭——緒蓀之妹，十八歲
客——風雪夜行人。
錢大夫。
老王——葉家僕人，四十五歲，胖大角力者型。
高宅僕人多人。
舞會賓客。
高父——緒蓀之父。
葉家女僕一。
端僱用新僕一人。

四十年代的張愛玲，青春美貌

## 第一場：山道、葉家

（一九四七年北京西山大風雪之夜。古道上一行人掙扎着走，遙見燈火人家，改向燈光走去。）

（房屋外景：荒涼的老屋，窗戶都用木板擋上。馬棚已半坍。行人找到院門，試推，門開尺許，不情願地，似有隱形的手攔阻着。他擠進去，入莊院，向有燈光的屋子走去。犬吠聲突升至風聲呼呼之上。幾隻餓狗自雪花中躍出，直奔行人。行人與犬鬥，掙扎至屋門前，敲門無人應，犬仍跳起來咬他。客打門，不料門未鎖，應手而開，見一男二婦圍火盆坐，一老人立陰影中，都一動也不動。客驚異地瞪視他們。）

**端**：（髮已半白；沉默片刻後）你是哪兒來的？來幹什麼？

**客**：你們的狗真厲害。（打狗）

（端叱喝狗，用火鉗打。狗終於一隻隻都走開了。）

**客**：我是新搬來的，回來晚了迷了路。

**端**：下這麼大雪還出去？

✣ ✣ ✣

**客**：有要緊事，沒辦法。（撣身上雪）您貴姓葉是不是？（端略一頷首）聽說十里內就我們兩家。我住着從前高家的房子。

（緒蘭突然抬起頭來，欲言又止。）

**客**：能不能請你派個人送我回去？（伸手向火）

**端**：我這兒就一個當差的，走不開。

**客**：那對不起，只好打攪你一晚上，等天亮再走。

**端**：（冷淡地）你自便吧，恕我招待不週。

**客**：（譏諷地）那麼……我就老實不客氣坐下啦？（自拖椅坐，四顧，好奇地打量那頹唐的老婦，木立一隅的老人，蓬頭敝衣的中年婦人；向婦）勞駕，有熱水沒有，能不能倒杯水我喝。

（蘭望望端。端初無表示，旋不耐煩地點點頭。蘭起。）

**客**：這位是葉太太？

**端**：（諷刺地）不錯，這位是我太太。

（蘭走過端前似有畏縮狀，出室。）

**客**：（被冷遇，氣憤）我一個陌生人打攪你們府上，實在說不過去。

✣ ✣ ✣

**端**：我沒預備客人在這兒過夜，只好委曲你，在傭人床上將就一晚上。

**客**：不用不用，就在椅子上睡。

**端**：（突然軟化）算了，跟你無冤無仇。我這兒難得有人來，都忘了怎麼招待客人。老王！把鎖着的屋子打開一間。（擲鑰匙予王，不與客招呼，自去）

（蘭捧茶來，恐懼地望着端背影，像忠心的狗一樣。）

---

（內院走廊上，老人蹣跚持油燈前導，客隨。）

**客：**你們這兒沒裝電燈？

**王：**（點頭播腦漫應）噯，噯。（立一門前躊躇片刻，向自己笑了一聲，推門，門開極緩，似澀）

（客見一舊式臥室，陳設俱全，惟粉牆剝落霉濕，到處蛛網灰塵，一椅缺一腿，床帳已腐成破布條子。）

**王：**給你這間屋子，新娘子的新房，（笑）這些年都沒人住過。

**客：**好冷。沒火？

✣ ✣ ✣

**王：**這麼晚了還生火？（就燈上代點燭）這間屋子還不好？這一間頂講究。

**客：**好吧。（脫衣，試坐床上，撫枕褥有陰濕感，寒顫，回顧見王仍立門口）好，沒什麼了。

（王徐徐關門。）

（客臥看室中陰影，聞風吹窗。旋起床自書架取一書，撣灰，打開，見扉頁上寫「葉湘容」名。看書困倦，吹燭睡。）

---

（客在床上翻覆，窗外風雪更狂。一敲窗聲繼續不斷，是一扇窗吹開了，單調地來回敲打着，似欲喚人醒來。客醒，猶半在夢中，見雪花成陣飛旋入室。客恐懼地下床。窗繼續敲打。他走向窗前。）

**女聲：**（隨雪飄入）讓我進來！讓我進來！我在山上迷了路。

（客大恐。伸手關窗，正要碰到窗時又掣回手，嚇怔住了，似有冷手握他的手。在雪浪中似見一女模糊的影子，蒼白，長髮披散風中。）

**女：**（悲呼）讓我進來！我迷了路！讓我進來！

✣ ✣ ✣

**客：**（手仍被半透明的小手握着，大叫）救命！來人啊！葉先生！葉先生！（拼命甩開那拉着他不放的東西）來人哪！葉先生！快來！

（門砰然打開。端舉燈立門口。）

**客：**有人在外邊。一個女人。我聽見她叫喚，老是呼自己的名字。叫湘容。（以手拂額，以較鎮定的聲音重複）湘容。（記起書上名字）我準是做夢呢。對不起，嚇糊塗了。

**端：**（竭力抓住他向門外推）你出去。——叫你出去！

（推客出室，砰上門，趕到窗前，推開窗，風捲雪入。端探身出）你進來！進來！湘容！湘容！（哽咽）你回來吧。這次你該聽見了，叫你多少回都不答應。你聽見沒有？……湘容！我等你這些年了，天天想你。湘容！

（雪掃端身。）

---

（廳上，客摸黑走入，見老婦獨擁火坐。客猶有餘悸，聞端呼聲，聽不清說什麼。）

**葉太太：**（不向他看，磔磔地自己笑着）我猜着你在那屋裏過不了一宿。

✣ ✣ ✣

（客向她看看，仍未定下心。）

**葉太太：**怎麼了，看見什麼了？

**客：**我做了個夢，仿佛聽見人叫喚。我起來關窗戶，覺着有個手拉我，大概做夢還沒醒，看見一個女人……

**葉太：**是湘容。

**客：**湘容是誰？

**葉太：**我死了的女兒。

**客：**我不相信有鬼。

**葉太：**（自他回到廳上初次看他）你聽我告訴你，許就相信了。（添柴）

**客：**你就這一個女兒？

**葉太：**（閉着嘴嘆了口氣）夫妻倆三十多歲才養下這一個女兒，想兒子都想瘋了，到孤兒院去抱了個男孩子回來，也是討個吉利。第二年倒真就生下個兒子，他爸爸慣的他不得了。他爸爸又死得早，我沒法管他——

**客：**就是剛才那位葉先生？

**葉太：**（略頓了頓）不。不是他。他是領來的那個。

張愛玲上海時期影像

## 第二場：葉家

（十七年前，同一住宅雖舊猶整潔。年青而襤褸的端祥挑水走過。湘坐樹上看書吃水果，隨手拋下果核正打中他。他回顧微笑，腳下一跰，潑掉半桶水。湘笑。他放下擔子。）

O.S. **葉太：**湘容！湘容！

（端聞聲自挑擔子走開，不復回顧。）

**湘：**噯。（自橫枝上爬過去一躍而下，自窗入廳。）

（葉太獨自在廳上。）

**葉太：**你看你，這麼大的人了還這麼野。

**湘：**一叫馬上來還不好？

**葉太：**（授以一信）這封信是哪兒來的？

**湘：**（看封套）弟弟的學堂。

**葉太：**哦？（叫）祖培！祖培！——你看信上說什麼。

（將拆信先取剪刀，注意到天然几上空的一角）

咦，花瓶呢？

**湘：**噯，那隻花瓶哪兒去了？

**葉太：**老王！老王！

（王入。）

**葉太：**這兒有個古董花瓶怎麼沒有了？

**王：**啊？不知道。

**葉太：**你管幹什麼的，丟了東西都不知道？

**王：**太太，這不是我一個人的事，端祥這小子什麼都不管。

**湘：**你自己偷懶，還往別人身上推。

**王：**小姐，端祥的脾氣您還不知道，就為少爺罵了他，這兩天鬧彆扭哪。

**湘：**都是你，弟弟也都是給你挑（上聲）的。

**葉太：**小姐家跟他們鬧些什麼。

**湘：**媽，你說，端祥從小在我們家，是不是跟自己人一樣，現在好，給他們糟蹋得不像人！（幾乎要哭出來）

**葉太：**咳，本來是領來做兒子，打算讓他讀書上進的。自從你爹死了，家裏不像從前，養不起吃閒飯的，只好讓他幫着幹活。（數說間，僕逡巡去，女剪開信封閱信）我去瞧瞧，不知還丟了什麼別的。

（解下脅下一串鑰匙向裏走）

**湘：**弟弟讓學校開除了。

**葉太：**開除？為什麼開除他？

**湘：**說他行為不端。

**葉太：**那麼點大的孩子，能幹出什麼事——說他「行為不端」？（一把搶過信拿來呆看）祖培！祖培！

湘：媽不叫我進學堂，我要是進學堂橫是不會像他這樣丟人。

葉太：我去找他校長說話去。

湘：媽，別去。（拉住她）

葉太：老王！

（王來門首。）

葉太：套車，我上城去。

王：噢。（正要走——）

葉太：少爺呢？

王：少爺出去了。

葉太：啊？上哪兒去了？

王：沒說。

（母女面面相覷，不約而同望着天然几上薄薄的一層灰塵中瓶座的圓印。王去。）

湘：一定是他拿去當了。

葉太：不會吧，我剛給他三十塊錢嘸。

（湘負氣轉身走開。）

✣　✣　✣

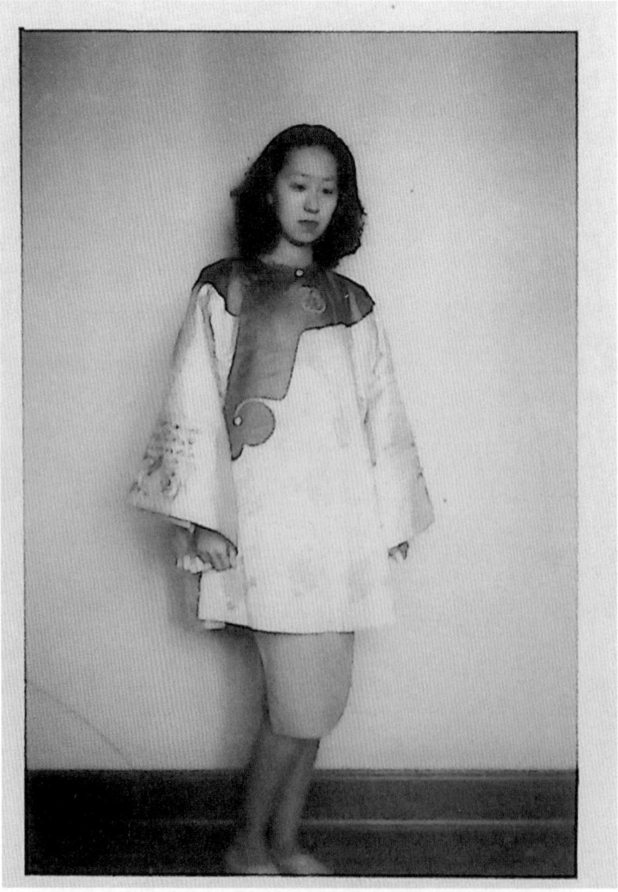

張愛玲20世紀40年代影像

## 第三場：葉家

（黃昏。葉太室，母子燈下談。）

**培**：好，好，丟了東西也是我偷的，什麼壞事都是我幹的。

**葉太**：那你說，學校為什麼開除你？

**培**：我怎麼知道黃老頭子為什麼恨上我了。

**葉太**：上次有人看見你跟壞女人在一起我還不信。

**培**：媽就是這樣，不許我交女朋友，倒不管姐姐跟男傭人交朋友。

**葉太**：別胡說，你姐姐跟端祥從小一塊長大的，跟你一樣都是姊妹似的。

**培**：誰跟他是姊妹？那小雜種！

**葉太**：人家沒爹沒娘也可憐。

**培**：媽反正護着他。

**葉太**：媽就是你一個兒子，偏不給媽爭口氣——

**培**：我不爭氣，有端祥呢，他孝順。

**葉太**：這孩子，說糊塗話！

**培**：花瓶準是他偷的。（盛氣趕出去）

**葉太**：別胡鬧。祖培！祖培！

---

（培氣洶洶走出院中，至馬棚，王正吸着旱煙看着端飼騾。）

✣ ✣ ✣

**培**：老王！給我捆上打他，問他把花瓶怎麼了，非得叫他招出來。

**王**：噢，噢。（取繩及棒）膽子越來越大，偷起東西來了？

（端放下稻草，威脅地返身向王。王遲疑。）

**培**：（笑）你害怕？

**王**：（笑）從小給我打慣的，我怕了他啦？（硬着頭皮一棒打去沒打中，端打還，王抵抗，終被打倒）

（培拾馬蹄鐵擲端，傷額。湘奔來攔阻。）

**湘**：媽！媽快來！

**培**：要你護着他！

**湘**：讓學校開除了，虧你還有臉回來打人。（扶端倚車輪坐）端祥！

**培**：看你心疼得這樣。

（葉太來。）

**湘**：媽，你也不管管他！

**葉太**：噯喲，你這是幹什麼，又拿他出氣。

**培**：你沒看見他打人，你問老王。

✣ ✣ ✣

（王訕訕地爬起來，走出。）

**葉太**：算了，不給你錢再也沒個太平。你跟我來。（拉培同出）

（湘撕衣蘸槽中水代抹去血跡、代包紮。）

**湘**：端祥！端祥！說話呀。

**端**：（遲鈍地）叫他等着，我要報仇。

**湘**：你別跟他一樣見識。

端：只要能報仇，等多少年都行。就怕他死在我前頭。

湘：（恐懼起來）端祥，你別這麼着。（哄他高興）你不記得我們小時候我老說，你爸爸是個蒙古王爺，你媽是滿洲公主，等你找到你爹媽，看他們還敢欺負你。

（端不語。）

湘：疼得厲害麼？我去拿藥去。（將去，被他拉住）

端：不疼。

湘：藤蘿花開了，我們採花去。

端：好。

湘：走，現在就去。

（端起，聞人聲。）

✣ ✣ ✣

O.S.O.S.

培：揀匹好騾子我騎。

王：少爺這時候還出去？路上當心。

湘：（低聲）我在那邊等你。（王持燈籠入，牽騾加鞍。培入。）（奔去）

培：瞧這馬棚比豬圈還髒。（向端）要你幹什麼的？打掃乾淨。

王：聽見沒有？

培：我要你今天晚上給我打掃乾淨。

王：回頭我看着他拾奪。

培：你裝死？也不扶我一把。

（端遲疑，終於雙手托培足，扶上騾。）

培：等我回來要是還沒拾奪好，跟你算賬。

王：這回他別想活着。

（培騎騾去。端望着他走了，突然返身跑。）

王：咦，上哪兒去？端祥！端祥！回來！少爺叫你拾奪馬棚。少爺生氣呢。

（端向野外跑去。）

1943 年張愛玲與影星李香蘭（日本人山口淑子）合影

## 第四場：岩上

（湘在岩下等候。端奔來。）

**湘**：我聽見老王叫你。他沒看見你往哪邊走？

**端**：（陰鬱地）不知道。

**湘**：讓他們知道了可不得了。

**端**：知道又怎麼着？你難得跟我說句話，這些時一直不理我。

**湘**：還怪我不理你？你自己看看，一天比一天髒，破破爛爛像什麼樣子？你為什麼這樣沒出息？為什麼不逃跑？

**端**：（呆住了）逃跑？——你在這兒。

**湘**：你不會回來接我？像我們從前說的蒙古王子一樣，救我出去。我關在家裏也受氣，女孩子不許上學，不許這樣不許那樣。

**端**：（狂喜）湘容，你馬上跟我走。

**湘**：走到哪兒去？

**端**：哪兒都行。

**湘**：（徐徐搖頭）去討飯？去偷去搶？我不幹。

**端**：哦，你光要我走。我在這兒熬了這些年了，挨打受氣，連狗都不如，可是我不走，就為了你在這兒。我這輩子死活都在這塊石頭底下。

✣ ✣ ✣

**湘**：（感動）這是你的王府嘍。王爺請。

**端**：妃子請。（二人禮讓上岩）

**端**：（上坐）宣王妃上殿。

**湘**：王妃騎着駱駝來了。（跨一塊雙峰石，唱蒙古王妃歌）

**端**：（笑）你好久不唱這個了。（幫腔）叮個玲個玲。

**湘**：這是什麼？

**端**：駱駝的鈴鐺。你沒看見駱駝進城？

（湘唱，忽聞樂聲，繞至另一邊，遙見別墅燈光燦爛，風傳舞樂時響時輕。端跟來。）

**湘**：你聽見吧？

**端**：什麼？

**湘**：高家請客，跳舞。我們去看。（拖他走）你看見了包你也喜歡。（同下岩，攜手狂奔）

---

## 第五場：高家別墅

（湘、端爬牆入園，一犬吠。吠聲止。二人穿過花園至屋前，扒在窗上窺視舞會。）

**湘**：（低聲）你看那女人多漂亮，（指一女）我就喜歡這樣的衣裳。你穿西裝一定比他們都漂亮。……端祥，我們也有這一天嗎？

✣ ✣ ✣

（一犬作嗚嗚聲。二人回顧。眾犬吠。）

**湘**：（突感恐懼）端祥，快跑！（跑在端前，眾犬在黑暗中竄出追趕）

（端舉湘上牆，然後爬上去助湘越牆。她的腿仍盪下來。一犬跳起來咬她足踝，她叫喊出來。）

（主客湧出園中。）

**蓀**：一定是有人進來。

**一僕**：小偷，沒準是強盜。

**高父**：小姐太太們別出來。

**蓀**：（高聲）是什麼人？

（端打狗，狗咬着湘不放。傭僕們持火鉗棍棒來。）

**湘**：端祥你快跑，別管我。

**端**：（向眾人）你們的狗咬人都不管？

**一僕**：是葉家的小姐！

（蓀上前叱狗，二僕幫着拉開狗，湘痛極暈倒。）

**蓀**：咬得不輕。

✣ ✣ ✣

**眾客**：（紛紛地）暈倒了？——嚇着了。

**蓀**：（向僕）快點，幫我抬她進去。

**端**：不許你們碰她。

**高父**：（指端）這是什麼人？

**僕**：（向端張看）是葉家的當差的。

**高父**：當差的陪着小姐到處亂跑？帶他進來。

（眾僕拉端入。端掙扎，搶着扛抬湘。）

**端**：小心，別碰着她——流血呢。

**湘**：（微弱地）端祥，快跑！

**高父**：別讓他跑了。老張，抓着他。

（眾擁湘入。）

---

（廳的一角。湘臥沙發上，蓀俯身檢視傷腿，眾圍觀。）

**蓀**：叫李媽拿熱水來。

**蘭**：李媽！熱水。馬上要。

**蓀**：有綳帶沒有？

**蘭**：有有。哥哥，她傷得厲害麼？

**一女客**：得請大夫。

**一男客**：這麼晚了，大夫出不了城。

✣ ✣ ✣

**一僕**：有個錢大夫就住在這兒不遠。

**蓀**：叫汽車去接去。

**僕**：噢。（急去。）

**蘭**：不是瘋狗咬的？

**高父**：別胡說，我們的狗沒病。

**蓀**：還是得送醫院去驗過才放心。

（端推開老張越眾上前。）

**高父**：（見端）小子，你說，是怎麼回事，半夜三更跑到人家家來？

**端**：你們的狗咬傷了她要你們賠。

**高父**：好，倒訛上我們了！一個小姐跟着男傭人晚上到處亂跑，真沒家教。

蓀：爸爸，別說了，人家受了傷。

高父：（領示僕人們，略咕噥了一聲）攆他出去。

（僕人們圍上來將端雙臂扭到背後。）

端：要走一塊兒走。

湘：（微弱地）讓我走。我要跟他一塊走。端祥！

（端向她奔去，蓀攔住他的路。）

蓀：（簡短地）你滾出去。

（端蹙眉瞪視着他，屹立不動。）

✣ ✣ ✣

高父：（大聲）攆他出去！

（三個僕人跳上去拉端。端初不抵抗，但一僕掌端頰，端突掙脫。他襤褸的身影忽有威嚴的一剎那。眾人都怔住了。）

端：（向眾人）我走。我走。我早該走了，走得越遠越好。

（湘突然有反應，目光發亮。）

端：可是有一天我會回來的，你們等着瞧，有一天我回到這屋子來，叫你們家破人亡，全都毀在我手裏。（轉身去）

（眾人肅靜一剎那後，七嘴八舌。）

眾人：這傢伙！是個瘋子！神經病！打他嘴巴子！跟他主人算賬！攆他出去！

（湘半坐起望着他的背影，面上現出奇異的神情。）

湘：（興奮地）你走吧，端祥。再會。我等着你。

## 第六場：高家別墅

（上午。一騾車停在門前。錢大夫自門內出，上車。

（樓窗中，蘭伏窗口向下望。背後房間內可以看見湘躺在沙發上。）

✣ ✣ ✣

蘭：（鄙視地）你母親相信這大夫？

湘：我跟我弟弟都是錢大夫接生的。

蘭：（望着騾車出園，笑）沒聽見說西醫坐騾車出診。

（鏡頭移入室中。）

湘：鄉下有許多地方汽車不好走。

蘭：每年夏天到這兒來避暑，都悶死了，今年幸虧有你。

湘：我的腿快好了，得回去了。

蘭：唔……再多住幾天。

湘：怕我媽惦記着。

蘭：無論如何過了後天再走，後天請客不能沒有你。

湘：我這樣子怎麼能見人？（指腿上繃帶）

蘭：（取衣櫥外掛着的一件舞衣覆湘身，長裙連腳都蓋住）哪！誰看得出？

湘：這怎麼行？是你的新衣裳。（但忍不住凝視穿衣鏡中自己的影子）

蘭：借給你穿有什麼要緊。

**湘**：我又不會跳舞。

**蘭**：（開留聲機奏舞樂）包你一學就會。叫我哥哥教你。（繞室獨舞）

（湘入迷地望着她的舞姿與自己的鏡中影子。）

✣ ✣ ✣

## 第七場：葉家

（夜。蓀、湘乘跑車駛入院門，停下。王開院門後跟入。葉太下階迎。）

**葉太**：湘容！回來了？

**湘**：（向蓀）這是我母親。

**蓀**：伯母。（下車）

**葉太**：（點頭招呼，轉向湘）怎麼好意思在人家家住那麼些天？

**蓀**：噯，我們才過意不去，叫葉小姐受驚。（代湘開車門）

**葉太**：是她自己不好。（阻湘下車）別動，我叫人來攙你。

**蓀**：（笑）不用攙，她跑得比誰都快。

**湘**：（下車）媽，我還跳舞來着。

**葉太**：（笑）跳舞？（見舞衣）你這件衣裳哪兒來的？

**湘**：高小姐借給我的。（向蓀）進來坐。（蹦跳着奔入屋內）

**蓀**：等我把車掉個頭。（開倒車，但院內停着一輛載柴草的塌車攔着路）

**葉太**：（高叫）端祥！來幫老王挪開這車。

（廳上。湘蹦跳着進來。）

✣ ✣ ✣

O.S. **葉太**：端祥！端祥！

（湘歡樂的神情頓時消失。葉太入。）

**湘**：（徐徐地）端祥？他在這兒？

**葉太**：（痛苦而又厭倦地扮了個臉子）昨天剛回來。橫是打算逃跑，也不知上哪兒去了幾天又回來了，問他也不肯說。

（湘露出失望痛苦的神氣。）

**葉太**：端祥！端祥！（出至廚房）

（端自另一門入。端、湘互視，對彼此的裝束都感到刺目、傷心。端比前更襤褸，赤着腳，頭髮更長更亂。）

**端**：（終於開口，飢餓地、乞憐地）湘容！

**湘**：（深感失望）端祥！

**端**：你為什麼在他們家住那麼些時？

**湘**：想不到你又回來了。

**端**：你為什麼一住住了那麼些天？

**湘**：為什麼？因為我玩得痛快，從來沒那麼高興過。（見蓀入）瞧你這樣子，也不去拾奪拾奪，叫客人看着，連我都難為情。

（葉太入，見端。）

**葉太：**端祥！到處找你找不到，還不去把大車挪開，擋着高先生的路。

✣ ✣ ✣

**端：**讓他自己挪。

**孫：**不用了，你們那一位當差的幫我挪開了。

**湘：**端祥，給高先生道歉。

（端掉頭不顧而去。）

**葉太：**（窘）就是這樣沒規沒矩的！陳媽！倒茶！（入廚房）

**孫：**湘容。

**湘：**唔？

**孫：**我真不懂你母親怎麼肯用這個野人。

**湘：**哦？

**孫：**叫化子似的，還自以為了不起，上次咒我們一家子，簡直神經病。

**湘：**你知道端祥是什麼樣的人？

**孫：**（笑，搖手）知道。領教過了。

**湘：**他跟我從小一塊長大的——

**孫：**那是你母親不對。

**湘：**你憑什麼跑到人家家裏來，這樣不對那樣不對！

**孫：**你怎麼了？

**湘：**你走。給我滾蛋。

（葉太復入，呆住了。女僕托茶盤跟入，也僵立。）

拍攝於1955年離開香港前

✣ ✣ ✣

**孫：**湘容，你這次嚇着了大概還沒復原，你說些什麼自己知道不知道？

**湘：**我說你看不慣就給我滾。我恨你！最討厭這種大少爺，什麼都不懂，還瞧不起人。走，走！你這張臉我看見就有氣。

（孫奇異地望着她，似乎是初次認識她，然後突然轉身走出去。）

**葉太：**湘容！

**湘：**你甭管！（突然嗚咽起來）

## 第八場：岩上

（晨。湘在陽光中向岩石走去。）

（端在岩上望着她來。二人互不招呼。她在他旁邊坐下。沉默半晌後：——）

**端**：要起風了。

**湘**：這天大概要變。……端祥，你比誰都本事大，你叫這世界站着別動，叫西山永遠這樣，你跟我也永遠這樣。

**端**：西山跟我是不會變的，你也別改變。

**湘**：我沒法變，不管我怎麼着，我還是在這兒。

**端**：（苦笑）噯，我們又都回來了。

✣ ✣ ✣

**湘**：你跑哪兒去了？幹什麼來着？

**端**：（懶懶地拔草，不看着她）我到口外去，到了錦州等車，我整夜想着你，想着我不知多少年見不到你。我知道我辦不到。沒有你我活不下去——透不了氣——你不明白？你不原諒我？

（她溫柔地撫摸着他，四目相視，她自己不明瞭的熱情湧上來充塞她的心。）

**湘**：（深深吸口氣）端祥，你聞聞這花多麼香。多採點給我，越多越好。

（他忙採大捧的花給她，她抱着花閉着眼睛。）

**端**：（憂慮地）湘容，你不想山底下那世界了？

**湘**：（窒息地）別說話，我怕這是個夢。

（他採更多的花堆在她懷中。）

---

## 第九場：葉家

（湘臥室。葉太助湘燙火鉗捲髮。窗外天色黃昏，飄着雪花。）

**湘**：媽，快點。

**葉太**：忙什麼？他來了讓他多等會兒也不礙事，人家脾氣真好，讓你罵走了還又回來。

**湘**：（嗤地一笑）不是他寫信來賠禮，我還真不讓他上門。（以闊緞帶束髮）

✣ ✣ ✣

**葉太**：真是女大十八變，昨天還是個野孩子，今天成了個大小姐。——我去預備點心。（出）

（湘繼續打扮。門開，端立門口。湘不覺。）

（湘對鏡戴珠項圈，鏡中見端，徐徐轉身。）

**湘**：（盛怒）端祥，從幾時起你可以到我屋裏來？

**端**：我有話跟你說。

**湘**：什麼事？

**端**：他又上這兒來了。

**湘**：誰？

**端**：還有誰？姓高的。

**湘**：（微笑）你管不着。

**端**：你為什麼打扮得這樣？

**湘**：連我穿衣裳都要你干涉？

**端**：（逼近）你變了。

**湘**：我不是小孩了，不能一輩子不長大。

**端**：（鄙夷地）這就算長大了？（拉她的束髮帶、項圈。項圈斷，珠子滾落，她不禁發出一聲短促無聲的驚呼）

**湘**：（頓足）死東西！混蛋！（聞汽車喇叭聲，來不及拾珠）

✣ ✣ ✣

**端**：好，你也跟着他們罵我。

**湘**：你不配人家待你好。緒蓀説得不錯，你簡直神經病。

**端**：你幹嗎讓他追求你？就為了滿足你的虛榮心。

**湘**：你管不着。機會來了你自己不好好的幹，情願回來受氣。

**端**：（乞憐地伸手向她）湘容！

**湘**：頂討厭你像叫化子似的伸手求人。

（端看看自己的手，突然左右開弓摑她二下。）

（汽車喇叭聲加劇。端出。）

---

（端出至廳上正遇葉太迎蓀入。端走過，正眼也不看他。蓀瞪視端。）

**葉太**：坐，坐。這邊坐。——湘容！（入湘室）

（蓀面色顯憂慮，若有所思。）

（湘盛裝入，蓀忘憂起迎，握着她的手不放，注視她。）

---

（端入後院一空房，堆着柴，他的板床搭在一邊。他的手似乎麻木。他立在窗前，窗上截糊紙，下截玻璃中看見雪花飛舞。他摑窗二下一如摑湘。玻璃碎，割破手。）

✣ ✣ ✣

---

（廚房，一小時後。葉太獨守茶爐。端入。）

**端**：姓高的走了沒有？

**葉太**：端祥！你的手怎麼了？

**端**：（單調地）他走了沒有？

**葉太**：（揪住他的手看，明白了一半，恐懼起來）你這孩子——什麼事都幹得出！

**端**：（苦笑）你別怕，她喜歡姓高的也行，喜歡誰都行，只要她肯原諒我，我死也甘心。

**葉太**：傻孩子。——別動。（扯布條代包紮兩手）

O.S. **湘**：媽！

**葉太**：（沒包紮完）你別動。（走門口）他走了？

**湘**：媽，我有新聞告訴你。

**葉太**：（顧慮地向廚房內望了望）別到廚房來，小心衣

裳弄髒了。（引女坐廳上）

**湘：**（伸手向火盆）緒蓀跟我求婚。

**葉太：**你怎麼說？

**湘：**我說明天給他回話。

**葉太：**你到底對他怎麼樣？

✣ ✣ ✣

**湘：**我當然願意嘍。

**葉太：**為什麼？

**湘：**（笑）為什麼？怎麼，媽對他不滿意？

**葉太：**我還有什麼不滿意的。

**湘：**那你怎麼不高興？

**葉太：**（沉默片刻）……那麼端祥呢？

**湘：**（稍有點吃驚地看了她一眼，沒想到她知道）端祥？他一天比一天下流。我要是嫁給他這輩子就完了。我情願他走了別回來。

（一陣風吹得燭火亂顫。葉太向廚房望着。湘沉默了下來。隔了一會：——）

**湘：**這破家我真待夠了。緒蓀說接媽一塊住，那倒也好，不用靠弟弟。

**葉太：**你別只顧我。你自己覺得怎麼樣？緒蓀的脾氣跟你對勁麼？

**湘：**（搖搖頭，茫然片刻，突然絕望地叫了出來）媽，我真不知道怎麼辦。

**葉太：**你還是為了端祥？

**湘：**他——他這人越來越沒希望。可是媽，我跟他像是一

✣ ✣ ✣

個人。媽，要是全世界都死了，就剩他一個人，我還是活得挺有意思。

（一陣蹄聲。）

**王** O.S.**：**端祥！端祥！

**葉太：**他一定聽見了。

**湘：**（驚）端祥？聽見我們說話？聽見多少？

**葉太：**我猜他聽到你說嫁給他這輩子就完了。

（湘奔入廚房，開後門奔入院中。）

---

（院。湘自內奔出。）

**湘：**端祥！端祥！

（王來。）

**王：**跑了。把頂好的一匹騾子騎走了。

（葉太跟出。）

**葉太：**湘容，進來，別凍病了。

**湘：**（恐怖地）端祥！端祥！媽，他不會回來了。

**葉太：**上次不是回來了？

**湘：**這次不會，我知道。（向王）往哪邊走的？

（王指。湘奔出院門。）

**葉太：**湘容！你回來！

---

✣ ✣ ✣

## 第十場：野外

（風雪中。湘形影出沒，跌跌着遙向鏡頭走來，衣破髮亂。）

**湘**：（聲音被風颳跑了，變為輕微）端祥！端祥！

（化入岩前。湘顛躓着在雪中覓路來到岩下。）

**湘**：（立洞口叫）端祥！端祥！

**回音**：端祥！端祥！

（湘掙扎着上岩。）

## 第十一場：葉家

（院中，王剛回來，牽着驢撣撲身上的雪。葉太與女僕立在廚房門口。）

**葉太**：（焦急）不行，你再去找去。

**王**：到處都找過了找不到。

**葉太**：這可怎麼好？

**女僕**：少爺又不在家。

**葉太**：老王，你到錢大夫家送個信，再到高家去，叫他們幫着找。

## 第十二場：野外

（夜。許多燈籠分散成長列。犬吠聲。數犬出現，就地嗅，又沒入雪中。遙聞人聲：——）

✣ ✣ ✣

**呼喚聲**：湘容！葉小姐！喂！喂！葉小姐！

（近黎明，雪漸止。自山上下望，一片潔白。錢大夫與蓀在山坡上先後吹滅燈籠。）

**錢**：不知再往哪兒找去。

**蓀**：非找到她不可。

**呼喚聲**：噯！噯！這邊！

（四面呼應聲。一犬興奮的吠聲。錢、蓀立即向那方向奔去。背景中一群人齊向岩石集中。）

## 第十三場：高家別墅

（天明。眾僕抬湘上階，錢、蓀隨。湘暈了過去，面色死白，頭髮滴水。蘭披晨衣倉皇出迎。）

**錢**：有白蘭地沒有？

**一僕**：有有。

（眾抬湘置榻上。）

**蓀：**快生火。

**另一僕：**噢。

**錢：**多拿幾條大毛巾來。

**蘭：**她不要緊吧？

**蓀：**不知道。還沒醒過來。

**蘭：**她在哪兒？

**蓀：**在那塊大石頭上。

（錢接過酒杯，置湘唇邊灌入數滴，轉身放下酒杯。鏡頭移近湘面，她嘴唇翕動發出「端祥」一語。）

✣ ✣ ✣

## 第十四場：高家別墅

（春，園中。湘披晨衣臥躺椅上，蘭旁坐織絨線。几上置藥瓶，水瓶，大小玻璃杯。）

（蓀自屋內來。）

**蘭：**看護換班了，我下班了。（起）

**蓀：**挪到這邊來。大夫叫多曬太陽。（抱湘起）

（蘭移躺椅，整理枕褥。蓀放下湘，蘭復代整衣牽枕蓋毯。）

**湘：**（向蓀）她真好。你們都待我那麼好，可是我不能一輩子住在這兒。

**蘭：**（低聲，半自言自語地）為什麼不能？

（蓀埋怨地瞅蘭一眼，湘佯作不聞。蘭笑去。）

**湘：**（有點不好意思）我媽呢？

**蓀：**伯母叫告訴你，她回家去看看，馬上就來。

**湘：**我真得回去了。我媽在這兒陪我這些日子，我弟弟索性吃上了白麵。

**蓀：**誰告訴你的？

**湘：**（微笑）反正什麼都瞞着我。

✣ ✣ ✣

**蓀：**你別着急，我已經打聽到一個戒毒的醫院，出名的。

**湘：**就怕他不肯去。

**蓀：**他不去也得去。反正你放心，就管你自己好好的養病。

**湘：**（感動）緒蓀，你這樣更叫我心裏過意不去。

**蓀：**湘容，你不用說了，我等你一輩子也願意。

（湘握着他的手貼在她頰上。他湊近前去。）

## 第十五場：結婚禮堂

（湘、蓀婚禮行列出禮堂。紙屑亂飛。蘭作伴娘。婚禮進行曲化入另一鋼琴樂曲——）

## 第十六場．高家別墅

（五年後一黃昏，燈下蘭彈琴，湘織絨線，葉太坐一旁。壁爐中火光熊熊。）

**蘭**：（停住，欠伸）我們幾時回北京去？

**葉太**：鄉下太冷靜，不怪你住不慣。

**湘**：過天叫緒蓀請客開派對，家裏有小姐是應當多交際，好找對象。

✣ ✣ ✣

**蘭**：算了，我是一輩子也找不到對象了。

**葉太**：你做嫂嫂的該替她留心。

**湘**：追求她的人多着呢，她挑得太厲害。

（狗叫。葉太傾耳聽。）

**葉太**：有人來了？

**湘**：這麼晚還有誰來？

**葉太**：我去瞧瞧。（出）

**蘭**：（低聲）你弟弟這一向來過沒有？

（湘搖頭，望門外似防母聽見。）

**蘭**：聽說又打醫院跑出來了？

**湘**：可不是，真拿他沒辦法。

**蘭**：倒沒來要錢？

**湘**：我不讓我媽見他。給他錢又拿去吸毒。

**蘭**：你媽怎麼捨得不見他？

**湘**：我告訴傭人，他來了就說都不在這兒，在北京。

---

（穿堂。男僕在大門口與外面說話。葉太緊張地走近前來。）

**葉太**：誰？——找誰？

**僕**：找少奶奶。

✣ ✣ ✣

（葉太不信，仍擠上來看。僕讓回。）

**葉太**：（望着神祕的來客略感眼熟）誰呀？

**端**：（微笑）不認識我了？

**葉太**：（震動）是你！你回來了！

**端**：湘容呢？

**葉太**：（恐慌）你不能見她。

**端**：（笑）大遠路來的，見不到她就肯走？

---

（廳上。蘭彈琴。湘向後一靠，審視手中絨線活。葉太入。）

**葉太**：（低聲）湘容。

**湘**：（見母面色有異）怎麼了？

**葉太**：有人找你。

**湘**：誰？

（沉默中琴聲止，蘭旋身望。）

**湘**：（恐慌）是誰？

**葉太**：端祥回來了，要見你。

**湘**：告訴他——我不在家。

（孫入。）

**孫**：告訴誰你不在家？

**湘**：（力自鎮靜）端祥。（低頭織絨線）據說是回來了。

✣ ✣ ✣

**孫**：（強笑）哦？那倒是新聞。打哪兒回來？

**葉太**：他說是打東三省來。變的我都不認識他了。

**孫**：（強笑）變好了？

**葉太**：發財了，穿得又講究，氣派也大。

**湘**：媽就是這樣囉唆，還不叫他走。

**孫**：湘容，別這麼着，不能這樣待遠客。我倒要瞧瞧我們這位端爺發了財是個什麼樣子。請他進來。

**葉太**：（不情願地，一面向外走）老劉，請客人進來！

（出）

O.S.
**僕**：噢。

（湘坐立不安，取火鉗添柴。孫接過火鉗代添，觸湘手，詫異，以左手撫湘手。）

**孫**：你的手怎麼這麼冷？幹嗎這麼緊張？從前的事已經過去了，叫他看看我們多麼幸福。

（湘疑問地望着他，他夷然微笑。她也微笑。蘭裝作不注意翻着琴譜。）

**湘**：對了。

（夫婦聞端足聲，轉身。端遙自廣廳另一面走來，舉止從容，顯已向世界挑戰得勝。端站住，瞪視孫片刻，略一鞠躬。）

✣ ✣ ✣

**孫**：請坐請坐。真是好久不見了。好啊？

**端**：（向湘點頭招呼）湘容。

（湘默然望着他。）

**端**：（四顧）我記得這間屋子。

**孫**：（讓坐爐邊）這裏坐。我從來沒看見一個人變得這麼厲害，簡直不認識你了。在哪一行得意？

**端**：談不上得意。

**湘**：媽說你到關外去的。

**端**：嗳。

**湘**：我們都奇怪你不知上哪兒去了。

（蘭起，走進前來。）

**孫**：你見過我妹妹沒有？

**端**：（起鞠躬）高小姐。

**孫**：（半開玩笑地）在東三省發了財回來了？是開礦還是墾邊？

**端**：還是走私販毒？（湘變色）告訴你老實話，我是記得我父親是蒙古王子，我母親是滿洲公主，所以去找他們，承繼了一筆財產。（向湘，改用溫暖的口吻，走過去坐在她身邊沙發上）你從前猜得一點也不錯。我現在有八十匹駱駝，五百匹馬，三千隻牛羊。

✣ ✣ ✣

**湘**：（聲音微顫）你打算在這兒待多久？

端：待一輩子。
蓀：預備住在北京？
端：噯，就住在西山，我剛買下他們家的房子。（用下頦指了指湘）
湘：啊？
蓀：祖培把房子賣了？怎麼他母親都不知道？
端：他賣了房子大概剛夠還債。
湘：不是我們不替他還債，他欠得多了人家不肯再賒，好逼着他戒毒。
端：他不是小孩了，靠別人逼着他戒有什麼用。
湘：（憤激地）怪不得這兩天沒來——手裏有錢了。
蓀：不得到葉老太太的同意怎麼行？
端：你儘管去打聽，是不是我使壞主意霸佔人家的房子。
蓀：這得找律師。
端：有什麼問題儘管找我說話。現在我們是鄰居了。

✣ ✣ ✣

蓀：（冷淡地）我們也不大住這兒。
端：（起）對不起，我來得太冒昧。（將行，向湘）我都忘了給你道喜，在關外聽見你結婚的消息。
湘：（截斷他，訣別地）端祥，再見。
（端略一鞠躬，去。眾沉默地看着他出室。）
蘭：哥哥，你這種態度真太難了。
蓀：（詫）啊？
蘭：嫂嫂你也是的，你們倆都是這樣。
蓀：我不懂你鬧些什麼。
蘭：你至少可以對人家客氣點。
蓀：我沒說錯話。湘容的態度也非常好。
蘭：你拿他當下等人，就這麼攆他走。
蓀：你拿他當上等人？
蘭：我覺得他這人又明白又大方。
蓀：我真沒想到我有這麼個妹妹。（向湘）以後別讓她見他。
（蘭怒沖沖出。湘一動也不動，強自控制自己。蓀強烈地注意着她。她抬頭望他，不安地四顧。）
湘：媽呢？房子的事得告訴媽。

✣ ✣ ✣

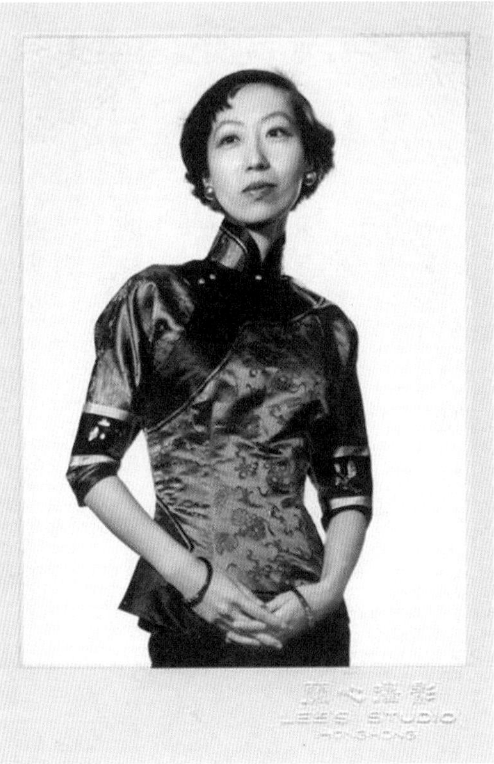

張愛玲赴美國前在香港北角蘭心照相館拍攝一組證件照並挑選其中三張贈予宋鄺文美，此為其中一張，照片底部留有蘭心照相館鋼印（圖片由宋以朗先生提供）

## 第十七場：葉家

（廳。培向端求告。望侍立。）

**端**：你的錢倒已經用光了？

**培**：還了債還能剩多少？

**端**：你有闊親戚，幹嗎老是找我？

**培**：不找你找誰？你住着我的房子。

**端**：攆他出去。

（王揪住培，培掙脫。）

**培**：不給不行，今天跟你拼了。（直奔端）

**端**：（向王）揍他。

**王**：（向培）少爺，我是沒辦法，吃人家的飯——（打培嘴巴）

**培**：混帳王八蛋，傻瓜，你當他為什麼留下你？好報仇呃，你等着瞧！（已被王推出門外，跘着門檻跌下階去）

（端擲下一鈔票。培拾，去。）

**王**：（見端予錢）下次又要來了。

**端**：來了你留下他跟你一屋子住。

**王**：（困惑）噢。

（新用男僕來。）

**僕**：大爺，有客來。

✣ ✣ ✣

**端**：誰？

**僕**：一位女客。

**端**：（突然興奮起來）女客？打哪兒來的？

**僕**：高家別墅。

**端**：怎麼不早告訴我？（急下階迎）

（端至院中，見蘭。）

**端**：（失望）哦，是高小姐。

**蘭**：我太冒昧了。

**端**：（鎮定下來）不不，請進來坐。

**蘭**：（囁嚅地）我騎驢子上山來看花，驢子摔了一跤，瘸了，沒辦法——

**端**：——只好上這兒來。

**蘭**：可不是。

**端**：驢子在哪兒，我們瞧瞧。

**蘭**：（恐慌）不用了，已經牽到你們馬棚去，有人照應着它。

**端**：哦。那麼……進來坐。（讓上階）

**蘭**：（至廳門前立住）那天我真跟我哥哥嫂嫂生氣，我老實告訴他們，太沒禮貌。

**端**：（銳利地看她）難道你哥哥叫你來跟我道歉？

**蘭**：（驚）不是。他——他根本不許……（垂下眼睛）

✣ ✣ ✣

**端**：不許你見我？你嫂嫂呢？

**蘭**：她也……跟你生氣。

**端**：（親昵地）那麼……我在北京就只有你一個朋友。

**蘭**：我太幼稚，不配做你的朋友。

**端**：幹嗎這麼客氣？（突然轉身望院中花樹）今天天氣這麼好，陪你騎驢子上山去走走。

**蘭**：（窘）我的驢子瘸了。

**端**：（逼近，她退倚門上無可再退）你的驢子沒瘸。你來看我是因為你寂寞，家裏就剩你一個人落了單，更覺得寂寞，是不是？

（蘭羞。）

## 第十八場：高家別墅

（廳中舉行盛大舞會，一如昔年寬舞時。湘艷裝與客舞。眾矚目。蘭伴另一青年舞，屢四顧似尋人，心神不屬。）

**青年**：你嫂嫂今天真出風頭。

**蘭**：（漫應）嗳。

**青年**：樂隊是北京飯店是不是？我認識那打鼓的。

**蘭**：哦。

（樂止，眾拍手，散。蘭始見端立長窗前，衣夜禮服。蘭急向他走去。）

✣ ✣ ✣

（湘撇下舞伴找到蓀。）

**湘**：（用下頦指端，低聲）他怎麼來了？是你請他的？

**蓀**：不是，是緒蘭。

**湘**：你不是不叫她見他？

**蓀**：女孩子們的脾氣，越是禁止她越是賭氣。讓她跟他跳回舞吃頓飯，也就不稀奇了。

（湘注視蘭、端共舞，如不聞。）

**蓀**：（撫湘臂）不過你還是替我留神着點。

**湘**：（警覺）好。

（端跳着舞心神不屬，四顧似尋人。另一青年來敲敲端肩膀。）

**蘭**：不行，我得跟他跳完這支，他喜歡這音樂。

**端**：不不，沒關係。（讓給另一青年）

（蘭無奈，在另一青年肩上向他笑。）

（端繼續四顧，找到湘。湘正與一群人說笑。端走來。）

**端**：你不跳舞？

**湘**：累了，歇會兒。

**端**：出去透口新鮮空氣。

**湘**：也好。（偕出，倚石欄上）你穿着夜禮服比誰都漂亮，就像我說的那樣。記不記得那天我們偷看他們跳舞？

✣ ✣ ✣

**端**：（低氣壓地，微頷）還像那時候就好了。

**湘**：（輕快地）難道你現在還比不上從前？

**端**：我現在有什麼好？站在旁邊看別人享受。

**湘**：得了，別發牢騷了，看西山的月亮多好。

**端**：（望着熟悉的月景，突然爆發）你怎麼能不記得從前？

**湘**：（恐懼）端祥，不許你說那些話。

**端**：你自己心裏的話也不許說？

**湘**：我心裏什麼話？

**端**：我聽得清清楚楚。湘容！

**湘**：我不是從前的湘容了，你難道不明白？我是別人的。

**端**：（抱住她）他攔不住我，全世界的人也攔不住我。

（湘受不住他目中光，閉目。以下對白短促如喘息。）

**湘**：不行——

**端**：我們走。

**湘**：不行，我不能毀了他，叫他以後怎麼做人。

**端**：別顧前顧後的——

✣ ✣ ✣

**湘**：不能不顧別人——

**端**：我們呢？我們不是人？

（湘突然旋身奔入廳內，在玻璃門口遇蘭。）

**蘭**：嫂嫂，你看見端祥麼？（見端）哦，你在這兒。來跳這支。

（端彷彿沒聽見。蘭向他走來。湘在背景中立玻璃門前。）

**蘭**：你不想跳，情願跟我坐着說話？（見他不言不動）怎麼了？

（端初次看她。）

**蘭**：（笑）是不是湘容又得罪你了？她要不是我嫂嫂，我真當她是吃醋。

（端異樣地望着她，一個念頭正在他腦中成形。音樂聲中，蘭與他並肩立着望月。）

---

（化入蓀夫婦在門前送客，一片汽車喇叭聲。）

✣ ✣ ✣

**湘蓀**：再見再見。

**客人們**：（紛紛地）今天這派對真好……玩得真痛快……過天見……你打電話給我……

---

（化入蘭臥室。蘭哼着今夜樂隊奏的歌，對鏡刷髮。門開，湘入。蘭表詫異。）

✣ ✣ ✣

**湘**：我有話跟你說。

**蘭**：什麼事？

**湘**：你今天晚上是怎麼了？你根本不該請端祥，他來了你又拼命釘着他，叫人看着像什麼？

**蘭**：（怒）你是什麼人，你配管我？叫你聲嫂嫂是抬舉你！（起，走開，湘擋住去路）

湘：你這傻子，還自以為了不起哪？
蘭：（不屑地）誰理你？（推開她）
湘：我這話非說不可了。告訴你，他是利用你。
蘭：（冷笑）哼！
湘：你難道看不出？
蘭：我眼睛沒瞎。
湘：他利用你好接近我。
蘭：還說我自以為了不起，你才是自以為美，當人家永遠忘不了你。他愛我。
湘：（瘋狂地）別胡說。
蘭：他告訴我的。他跟我求婚。
湘：（捉住她兩臂，指甲掐入肉內）他什麼？
蘭：（狂喜）他跟我求婚。

✣ ✣ ✣

湘：我去告訴你哥哥。（一鬆手，氣得幾乎把蘭摜倒在地）
蘭：（故意打擊創口）好，你去告訴他，端祥要做他妹夫了。
湘：（呻吟着）緒蘭，你不能這樣！端祥不是人，是個鬼，回來報仇的。
蘭：（緩緩地）你當我不知道你為什麼這樣？——因為你愛他。
湘：胡說！你敢！（撲身在蘭身上，打她嘴巴）
蘭：（冷靜地）一聽見我要嫁給他你就妒忌得發瘋。你要他想你，為你生相思病，為你死，你可舒舒服服的做高太太享福。
湘：死丫頭，你再胡說八道——
（敲門聲。二女住口，四目直視，蘭用挑戰的目光。重聞敲門聲。）
（門開，蓀立門口向二女逐一看去，略感困惑。）
蓀：我聽見你們聲音。
蘭：（控制喉音）我們在——在講剛才的派對。（惡意地微笑）
蓀：（將疑心丟開一邊）湘容，去睡吧，你累了。（扶湘出）
（蘭微笑看二人偕出。）

✣ ✣ ✣

張愛玲自填色圖片

## 第十九場．．葉家

（化入廳。晨。湘立室中四顧亂七八糟，久不打掃。王送茶入。）

**王：**姑太太請坐。端爺馬上就來。

（端入。王見端即作畏懼狀。）

**端：**（諷刺地）湘容，你怎麼會上這兒來了？緒蓀知道嗎？橫是不贊成？

（王急出。）

**湘：**端祥，是真的麼？

**端：**什麼是真的？

**湘：**你要跟緒蘭結婚？（等了半天不得回答）哦，是真的。（絕望地）端祥，你不能害了她一輩子，她並沒對不起你。

**端：**（冷峻地）是你對不起我。

**湘：**那你儘管罰我。

**端：**所以我要跟她結婚。

**湘：**（不能相信）就為了叫我受痛苦？

**端：**嗳，叫你也嘗嘗受苦的滋味。

✣ ✣ ✣

**湘：**端祥……你要是還有點人心，你別這麼着。

**端：**（安靜地，熱情地）你要是還有點人心，你不能可憐可憐我？不，你講究道德，品行，你虐待我，毀了我還算你有道德。（緊緊抱住她。）

**湘：**（掙扎）你讓我走。

**端：**（獰笑）好，從此以後我是緒蘭的男人，我幸福你也該替我高興，你幸福我不也替你高興？

（湘奔出。）

## 第廿場．．高家別墅

（廳。夜。蓀激動地踱來踱去。湘不安地望着他。）

**蓀：**（不能相信）結婚！我妹妹跟那騙子！

**湘：**你拿她怎麼着？就是她父母在世也沒辦法。

**蓀：**就是非得把她鎖在家裏也得攔着她。（大步上樓）緒蘭！（無人應。提高聲音）緒蘭！（湘立梯下，面露驚慌。樓上繼續寂靜。湘自驚慌變為恐怖。

（蓀下樓，持一紙授湘。她幾乎接不住。是一封潦草的短信，只看見「哥哥」二字。）

**湘：**（泣）你去把他們追回來。聽見沒有？拿手鎗去追他們，端祥不答應你就打死他。

✣ ✣ ✣

**蓀：**她不是我妹妹了，我只當她死了。

**湘：**（瘋狂地）你非去不可！不行，不能讓他們結婚！

（蓀詫望湘，走近一步瞪視她的臉，漸明白她的心理。）

## 第廿一場・葉家

（廳。比前更污穢零亂。蘭無聊地坐着佯作看書。她形容憔悴，蓬頭敝衣，與前判若兩人。

（端立窗前出神。培在他身旁求告。）

**端**：沒有沒有。告訴你沒有。

**培**：（頻頻咳嗽、眨眼，眼皮濛濛地闔下來）得得，給三十塊。

**端**：你那麼大癮，我供給不起你。

**培**：你是誠心，看我癮發了受罪，你樂。

**端**：誰有那麼大工夫看你？（自燃香煙吸）

**培**：你給不給？（突拔出小刀）給不給？

（蘭無聲地驚呼。）

**端**：（微笑）好，你殺我。殺了我算你

✣ ✣ ✣

有種。（培手抖）記不記得小時候叫老王打我？你那時候就沒出息，現在也還是沒出息。

（小刀噹啷落地。端笑，入另室。蘭將跟入，轉身向培。）

**蘭**：不怪你自己家裏人都不理你，這樣不識好歹！

**培**：你！他恨你比恨我還厲害。他一跟你親熱就更恨你不是湘容。

（蘭刺激。）

**培**：（拾刀）我是沒力氣，你為什麼不殺他？

**蘭**：你瘋了？

**培**：（瞪眼望着她，輕聲）去殺他。

**蘭**：（恐怖地）少胡說。（急入。）

---

（另室。端坐吸煙。蘭入。）

**蘭**：端祥，你為什麼讓他住在這兒？有他在這屋裏我簡直受不了。

**端**：受不了就回家去。

**蘭**：我除了這兒沒有家。誰要跟他們來往？

**端**：你不想家？

**蘭**：你想湘容是真的。

✣ ✣ ✣

（端別過臉去不理她。她跟到那邊去拉他的手，他厭惡地推開她。）

**蘭**：你別老是這樣。（跪在他旁邊）其實我知道，你並不是像他們講的那樣可怕，你是受痛苦受多了。我可以安慰你，我情願做你的奴隸。

（他拉她起來同坐一椅。她抱着他，臉對臉。）

**端**：為什麼你眼睛跟你哥哥一樣，一點感情也沒有。

**蘭**：（絕望地）有的，有的，你不好好的看。你看，我是個女人，長得不醜，對你是真心。

（端掩面，突然起立，使蘭跌倒在地，他看也不看，自另一門出。

（蘭哭。王自廳入。蘭立起來，竭力止住嗚咽。）

**王**：（鬼鬼祟祟地）葉老太太來了。

**蘭**：來幹什麼？

**王**：來看兒子。

**蘭**：叫她領回去最好。（急出視）

---

（廳。葉太拉着培拭淚。蘭入。）

**葉太**：（向蘭）天哪，怎麼瘦得這樣！

✣ ✣ ✣

**蘭**：就是呀，還是得伯母管他，好好的調養調養。

**葉太**：（初次注視蘭）緒蘭，你也瘦了。

**蘭**：（自慚形穢）我這樣子可見不了人。

**葉太**：他怎麼咳嗽咳得這麼厲害？

**培**：是癮發了，媽還不救救我？

**葉太**：上次醫院裏大夫就說不能再吃了，你心臟受不了。

**培**：先給我過了癮，明天一定去戒。

**葉太**：不是媽不給你錢，再吃下去要送命的。

（培將開口，一陣狂咳，咳得暫時盲目。）

**葉太**：（恐慌，拍他的背，摟着哭）我是造了什麼孽，就生他們姊妹倆，會都——祖培，你姐姐病得要死了，你還不去看看她？

**蘭**：啊？——沒聽說她病了。

**培**：是什麼病？

**葉太**：（哽咽着）肺炎。這回大概好不了了。

**蘭**：（自言自語）她死了我許還可以活下去。

**葉太**：（又驚又怒）緒蘭！

（培先看見端立在門口。二婦跟着他的眼光望過去，發現端。）

✣ ✣ ✣

**端**：（向自己）湘容！湘容快要死了。——（突轉身向外走）

**蘭**：（追上去）端祥，上哪兒去？你不能去看她！端祥！（拉他，他打她）

**葉太**：（也追上去，但不敢近身）端祥，你去算什麼？不行！別去！

（端已奔下階）

---

張愛玲1962年在香港拍攝的證件照

## 第廿二場：高家別墅

（湘臥室。湘臥床上，蓀守着她。）

**湘**：（稚氣地）給我開窗戶。

**蓀**：別着了涼。（閒閒地，掩飾憂慮）你為什麼一定不肯上醫院去？

**湘**：我不去！——叫你開窗戶。

（蓀不得已開一扇窗。）

**湘**：（迫切地嗅清新的空氣）今天是南風是不是？

**蓀**：噯。

**湘**：緒蓀，你去給我弄樣東西來。

**蓀**：什麼東西？

**湘**：你到王府去給我採花。

✣ ✣ ✣

**蓀**：什麼王府？

**湘**：（不耐煩）山上的王府。

**蓀**：（強笑）你發熱說胡話——山上沒有王府。

**湘**：（大聲）有，怎麼沒有。（坐起）就在我家後邊。

**蓀**：哦，就是那塊大石頭。

**湘**：對了對了，快去。（他扶她睡下，她推他走）

**蓀**：（不安地）你為什麼叫它王府？

**湘**：因為——我從前在那兒做過王妃。你去不去？去給我採花。

**蓀**：你要是肯睡會兒我就去，睡會兒明天就好多了。

**湘**：快去。

（他代她掖被，出室。）

---

（廳。蓀狂奔下樓梯。一僕聞聲出現。）

**蓀**：（慌張地）錢大夫呢？

---

## 第廿三場：野外

（端騎騾疾馳，騾汗下。）

---

## 第廿四場：高家別墅

（端馳至園門，勒騾，滾下鞍，奔入園，打門。僕開門。）

✣ ✣ ✣

**端**：她在哪兒？你們少奶奶呢？

**僕**：少奶奶病着呢，少爺剛去請大夫。

（端推開僕奔上樓梯。）

**僕**：端爺！端爺！

（端不顧，上樓）

---

（湘臥室。空氣極寧靜。湘閉目臥。門徐徐開，端立門口瞪視她。她終於開目轉面向他，無表情地凝視片刻，合目歎息。少頃又開目，仍看見他。）

湘：（輕聲）是真是你，我當是做夢。

端：（輕聲）湘容。

湘：我正在盼望着我死以前你會來。

（端聞言刺心，走到床前，湘抬身，二人擁抱着不放。她的手抓着他的肩、頭、臉。他跪在床邊哭，她抓着他頭髮逼他抬起頭來。）

湘：你別——別放我走。

端：湘容！

湘：我害怕。端祥，我不願意死。

端：你別說死的話。

湘：我摸摸你的胳膊。你身體多好。端祥，我死了你打算再活多少年？

端：湘容，你是我的命。

湘：（吻他頭髮）將來有一天你會不會忘了我？人已經死了多少年了，過去的事已經過去了。

端：（哽咽，聲音硬化）你要是死了……我也完了。

湘：（痙攣地緊緊抱着他）要是能永遠抱着你，等我們都死了多好。

端：你當初為什麼不等着我？都是你自己！

湘：別說了，端祥，我受不了。

端：你受不了活該。你愛我的，為什麼把我們的感情就這麼扔了？

湘：（苦痛地）我後來明白過來了。你原諒我。

端：（吻她）你殺了我沒關係，殺了你自己可怎麼叫我原諒你？

（葉太入。培隨，恐懼地立在門口。）

葉太：端祥！還不快走，他回來了。

湘：（恐慌地抓緊他）別走。

端：我不走，湘容。

湘：你不能走。（目光漸散）

端：我在這兒。我再也不離開你了。

（培在門外守望。）

✣ ✣ ✣

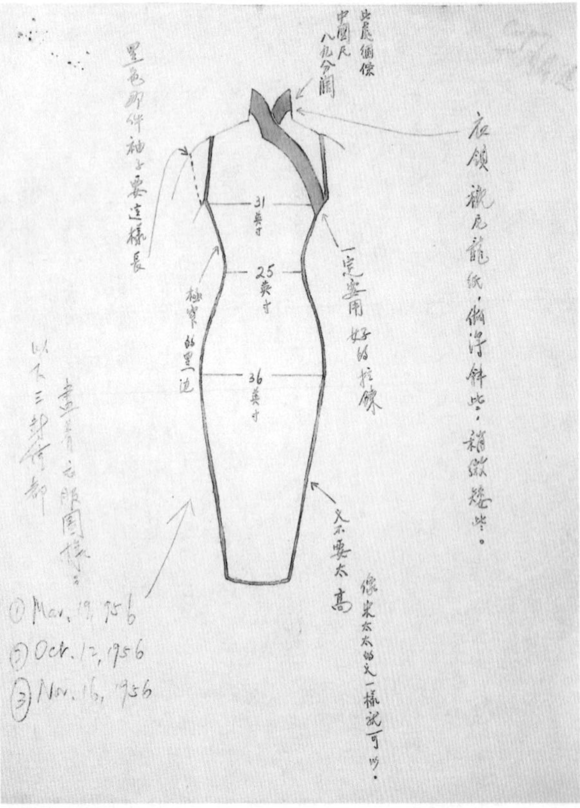


張愛玲手繪圖

**湘**：（稚氣地）媽，那回他走了，我不是告訴你，我跟他是一個人。

**葉太**：別聽她說胡話。

**湘**：是真的，是真的！我是他的，從來沒屬於別人。

**葉太**：你信她胡說！快走！

**湘**：（指窗）端祥，扶我去看看山上。

**端**：噢。（抱起攙至窗前）

**湘**：今天天氣多麼好。

**培**：（急入門）來了來了！上來了！

**湘**：端祥，你看見我們的王府？那邊。我在那兒等你。（突萎頓，變僵硬）

（端繼續立在窗前抱着她，風吹着她的衣服。

（蓀偕錢入，見狀變色。錢上前把脈。）

**錢**：我們來晚了。

**葉太**：湘容！湘容！（拉着培大哭起來）你姐姐沒有了！

**錢**：抬她上床去。

**端**：（不動）她是我的。

**蓀**：（扳湘看她的臉）湘容！

**端**：你走開，現在她是我的了。（抱湘置床上）

**葉太**：（哭喊）端祥，你還不走？造的孽還不夠？

**蓀**：算了，人已經死了。

（葉太哭泣着的臉化入她十餘年後的臉：——）

✣ ✣ ✣

## 第廿五場：葉家

（葉太與客擁火盆坐。故事剛講完。）

**客**：後來呢？你沒跟女婿住？

**葉太**：（微吁）他當然心裏不痛快。我無依無靠，到了兒還是上這兒來。

（沉默片刻。風聲呼呼中，忽聞打門聲。門開，蒼老的錢醫生遍身雪花立在門口。葉太驚異地起迎。）

**葉太**：錢大夫，這個天你還出去？

**錢**：到劉莊去接生。

**葉太**：進來坐。

**錢**：我問你，端祥是不是完全瘋了？

**葉太**：怎麼？（恐懼地望望內室怕他聽見）

**錢**：我看見他帶着個女人在雪地裏亂跑。

**葉太**：女人？

**錢**：仿佛是個年青的女人。兩人手攙手親熱着呢。

（客自醫面望到葉太面龐。葉太向他微頷。）

**錢**：我先還當他們迷了路，（蘭自陰影中出現，王立蘭身後）叫他就像是沒聽見，叫趕車的趕到他們跟前，騾子忽然嚇跑了，車都砸壞了。

**蘭**：（遲鈍地）你看見他跟她在一起。

✣ ✣ ✣

**錢**：不知是什麼女人。

**蘭**：湘容。

**錢：**你這是什麼話？

**蘭：**他半夜裏出去了。湘容把他叫出去了。

**王：**（磔磔笑）冤鬼來討命。

**錢：**（向葉太、蘭）得去找他去。這雪好深。

**蘭：**（哀鳴）找他？往哪兒去找？

**葉太：**我知道。……他準在那兒。

## 第廿六場：山上

（客、錢、葉太、蘭、王一行人冒雪循足跡向岩石走去，王打燈籠，錢持電筒掃射。）

**客：**這是他的腳印？那女人的呢？

**錢：**（喃喃地，半自言自語）奇怪，我明明看見有個女人。

（電筒驚起二鳥噗喇喇飛上岩去。鏡頭迅速地跟上去，赫然發現端躺在岩上，已凍死。音樂轟然加響，轉入湘昔所唱歌。鏡頭上移，見二鳥在岩上盤旋片刻，向天空中雙雙飛去。）

劇終

張愛玲最後的影像

# 文學之用

文／宋以朗　譯／鄒李蕾

當時的教材選取者將《艾凡赫》作為中學默寫文章時，難道沒有意識到這其中所包含的反殖民思想隱喻？我看不見得，更似是某些大膽的教育局官員做出的顛覆性決定。

我的一位社會學家朋友說過，個體的直接關係網絡通常由一百組社會關係構成，其中包括家庭、同學、同事、朋友和熟人等。在這個由數十億人組成的世界裏，個人的社會網絡並不具代表性，那麼我們可以用什麼方式了解其他人的生活呢？在當今大眾媒體日益缺乏深度和客觀的世界裏，所幸我們還擁有文學。在此，我想與大家分享幾則關於文學如何影響我的世界觀的故事。

## 鋼櫃藏書

我童年時期的房間大約五乘九英呎，裏面設有一床、一桌、一椅和一個高高的鋼櫃，櫃子的舊主人留下不少棄書，多年來我一直反復閱讀這些唾手可得的書籍，其中金庸的《射雕英雄傳》、《碧血劍》、《書劍恩仇錄》都是消閒讀物，我自然也沒有因此而決定「上茅山拜師傅」。

有一本蹄風根據民間傳說改編的《清宮劍影錄》，講述了雍正與江南八俠的故事，雖然趣味十足，卻給我留下了某種難以言說的意猶未盡之感。數十年後，我偶然讀到司馬紫煙改編的同一段歷史，他的版本中正反派角色完全調換，我突然意識到，之前那種說不出的不安感其實源於對原故事情節的不信服，因為人物角色並不應該如《清宮劍影錄》寫的那樣絕對的

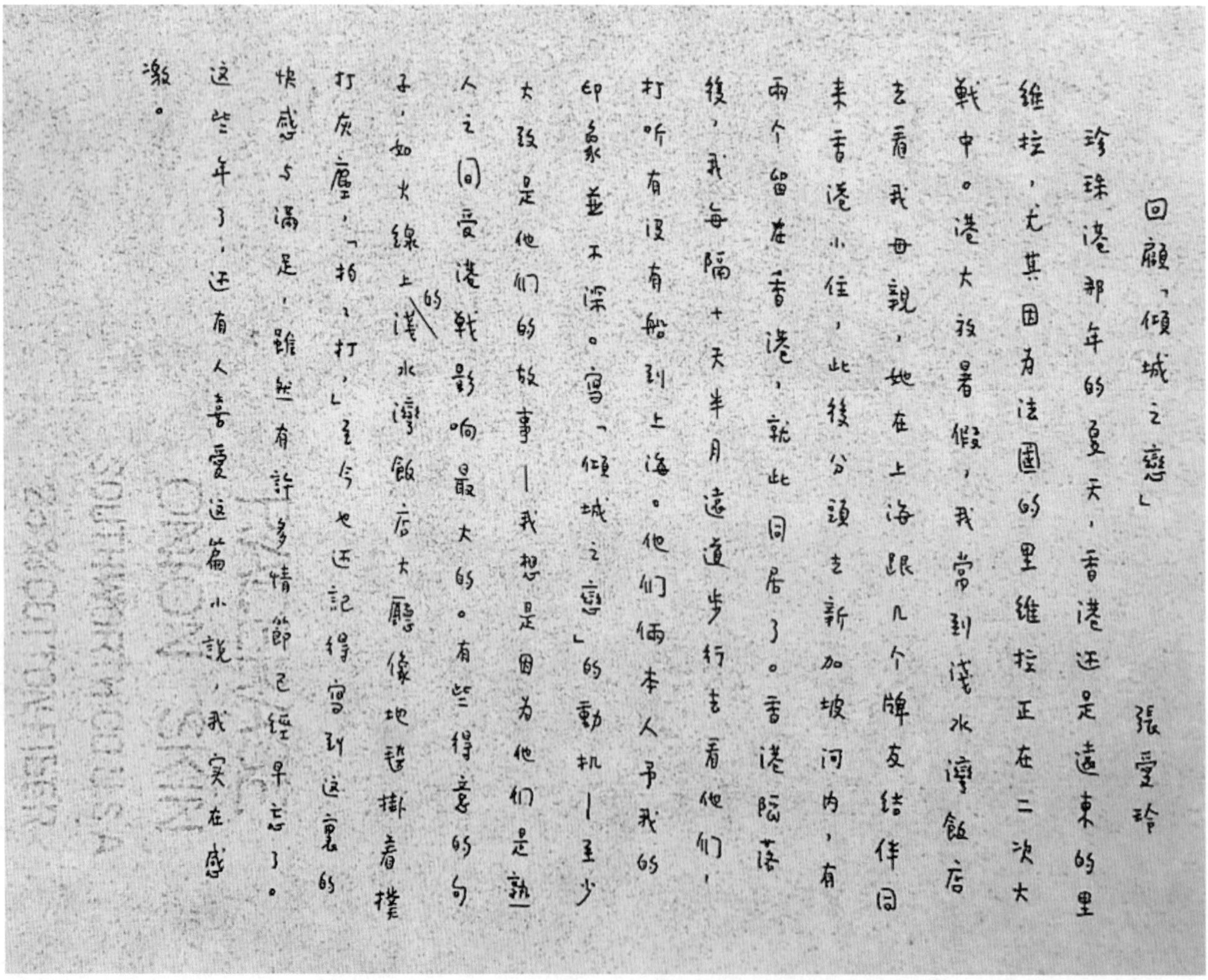

回顧「傾城之戀」　　張愛玲

珍珠港那年的夏天，香港还是遠東的里維拉，尤其因为法國的里維拉正在二次大戰中。港大放暑假，我常到淺水灣飯店去看我母親，她在上海跟几个牌友結伴同来香港小住，此後分頭去新加坡河内，有兩个留在香港，就此同居了。香港陷落後，我每隔十天半月遠道步行去看他们，打听有沒有船到上海。他们倆本人予我的印象並不深。寫「傾城之戀」的動机——至少大致是他们的故事——我想是因为他们是熟人之間受港戰影响最大的。有些得意的句子，如火線上的淺水灣飯店大廳像地毯掛着撲打灰塵，「拍拍打打」，至今也还記得寫到這裏的快感与滿足，雖然有許多情節已經早忘了。這些年了，还有人喜愛這篇小說，我实在感激。

張愛玲〈回顧傾城之戀〉手稿（宋以朗先生供圖）

大善或大惡。

櫃中還有幾本張愛玲的《秧歌》，起初我並不認識這位作者，只知道故事雖然以「饑荒」為題材，卻語言平實，毫無煽情色彩，作者聲稱這種寫作策略是她故意為之，這也解釋了我為何對這則故事並沒有太多感想，而我對張愛玲作品的了解與大多數從《傾城之戀》認識她的讀者非常不同。多年後，我的小房間因張愛玲一九六二年在這裏借住過兩個星期而變得名聲大噪，她在這間房間裏完成了《紅樓夢》的電影劇本，而我，在那段時間被「驅逐」到客廳睡沙發。如今，我依舊住在同一層公寓，只是當時的那間房早已改造為浴室，鋼櫃也早已不存，留給我的只有回憶。

## 《艾凡赫》(Ivanhoe)

二十世紀六十年代，我就讀香港的英文中學喇沙書院，學校裏沒有中國文學課程，我也自然而然地將讀文學視作一件苦差事。記得作家華特．司各特的《艾凡赫》是那時的英文文學教材之一，由於原著中有太多古英文，教材選文被簡化為平實的語言，主要用於學生默寫，從而忽略了文學的鑑賞和解讀。五十年後，我做了一個「閱讀塑造人生」(*You Are What You Read*)的個人項目，嘗試探索自己世界觀的由來，過程中我重讀了這部原著，才意識到當時的教材選文何其大膽。

《艾凡赫》的歷史背景設定在中世紀的英

宋淇(右五)與太太鄺文美在寓所天台與友好合影，後景為陳氏家族大宅繼園 (圖片來源：巴士的報)

國，諾曼入侵者作為精英階級統治着當地原住民盎格魯撒克遜人，而猶太人則是買辦階級。放在當下，諾曼人、盎格魯撒克遜人和猶太人似乎與香港學童相距甚遠，但倘若將諾曼人類比作英國殖民者，盎格魯撒克遜人想象成本土中國人，猶太人比作受過西方教育的中國買辦商人，那麼《艾凡赫》的故事便成了中國人在羅賓漢的號召下反抗英國殖民統治的史詩。那麼當時的教材選取者將《艾凡赫》作為中學默寫文章時，難道沒有意識到這其中所包含的反殖民思想隱喻？我看不見得，更似是某些大膽的教育局官員做出的顛覆性決定。

《艾凡赫》的故事以獅心王理查十字軍東征歸來的喜劇結局告終，以此來懲惡揚善，這何嘗不是一種愚蠢的設定呢？

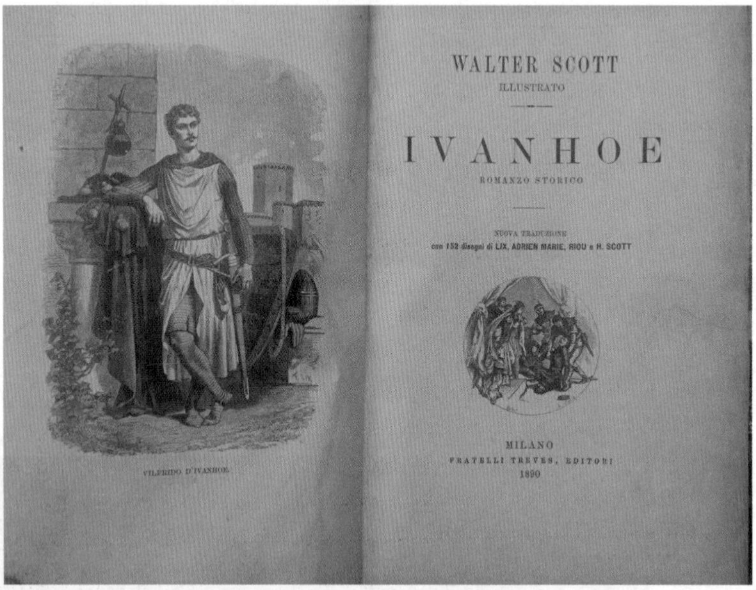


1890 年由 Fratelli Treves 出版英文版《艾凡赫》扉頁

（圖片來源：AbeBooks）

## 身處異鄉為異客

我中學畢業於澳洲悉尼萊德聖十字學院（Holy Cross College），在此之前，我在香港所學的是諸如《艾凡赫》和亨利·萊特·哈葛德（**H. Rider Haggard**）的《所羅門王的寶藏》（*King Solomon's Mine*）等書。我在毫無準備的情況下驟然被扔到異鄉（澳洲）的天主教寄宿學校，學了兩年多當地的文學課程，內容包括詩作如：傑拉爾德·曼利·霍普金斯（Gerald Manley Hopkins）、T. S. 艾略特（T. S. Eliot）、約翰·多恩（John Donne）、威廉·布萊克（William Blake）、約翰·米爾頓（John Milton）、塞繆爾·泰勒·柯勒律治（Samuel Taylor Coleridge）、夏爾·波德萊爾（Charles Baudelaire）、保羅·魏爾倫（Paul Verlain）和亞瑟·蘭波（Arthur Rimbaud）等詩人的作品；戲劇如：艾略特的《大教堂謀殺案》（*Murder in the Cathedral*），莎士比亞（William Shakespeare）的《哈姆雷特》（*Hamlet*）、《凱撒大帝》（*Julius Caesar*），薩繆爾·貝克特 (Samuel Beckett) 的《等待戈多》（*Waiting for Godot*），哈羅德·品特（Harold Pinter）的《生日派對》（*The Birthday Party*）；小説如：派翠克·懷特（Patrick White）的《人之樹》（*The Tree of Man*）、《沃斯》（*Voss*），

喬治・艾略特（George Eliot）的《米德爾馬契》（*Middlemarch*），夏洛特・勃朗特（Charlotte Brontë）的《艾瑪》（*Emma*），詹姆士・喬伊斯（James Joyce）的《都柏林人》（*Dubliners*），傑弗里・喬叟（Geoffrey Chaucer）的《坎特伯雷故事集》（*The Canterbury Tales*），阿貝爾・加繆（Albert Camus）的《異鄉人》（*L'Étranger*）以及米格爾・德・塞萬提斯（Miguel de Cervantes）的《堂吉訶德》（*Don Quixote*）等等。這些指定篇目的賞析和解讀並未列入當時老師的教學內容，反而他們用其他篇目引導學生學會解析，再在學年結束的聯考中考核學生對指定篇目的獨立賞析和解讀能力。須知這些名著都是大部頭，例如企鵝經典系列二〇〇三年版《米德爾馬契》就有八百八十頁之多。彼時，老師竟要求我們讀完並思考全書，然後回答主考官提出的任意相關問題。

在澳洲讀中學的兩年間，我一直忙於應付大學入學考試，而大學第一學年結束後，我意識到自己文學基礎薄弱，因為從未讀過經典作品，因此，在接下來的三個月暑假中，我每天泡在新南威爾士大學圖書館裏，把文學作家的作品從頭到尾讀了一遍。當然，我並不是逐本閱讀，這既不現實也沒必要。有些作家的作品讀起來容易，比如亞瑟・柯南・道爾（Arthur Conan Doyle）的夏洛克福爾摩斯系列，我讀完了全部；而一些作家是公認的晦澀難懂，譬如喬伊斯的《尤利西斯》（*Ulysses*）和《芬尼根的守靈夜》（*Finnegans Wake*），我只得跳過，直到幾十年後借助批註本和導讀書，才讀完它們！至於另一些作家，我則有選擇地讀了部分作品。

在那個暑期的閱讀裏，值得記住的已然不多，但有一本書令我至今難忘，就是內佛・舒特（Nevil Shute）的《世界就是這樣結束的》（*On The Beach*），書中講述了北半球熱核戰爭後核輻射蔓延，南半球的人們只能等待慢性死亡，書的標題源於艾略特的詩〈空心人〉（*The Hollow Men*）：

在這最後相遇之地
我們共同摸索向前
我們避免交談
只聚集在這洶湧的河畔
世界就此隕滅
不是轟然坍陷
而是一聲凝噎

## 托馬斯・肯尼利（Thomas Keneally）

如果你閱讀是為了了解他人生活，那麼澳洲作家托馬斯・肯尼利的作品便是很好的素材。他筆下的虛構和非虛構作品內容涉及大屠殺、先知摩西、聖女貞德、拿破崙・波拿巴、二戰中鐵托的遊擊隊、亞伯拉罕・林肯傳記、厄立特里亞衝突、第一次世界大戰停戰談判、南極洲探險、美國內戰期間的斯通沃爾・傑克遜軍隊等等。他最著名的作品是《辛德勒的方舟》（*Schindler's Ark*），或許你從未聽過這部小說，但若提起史蒂芬・斯皮爾伯格改編的電影《辛德勒的名單》，是不是就變得熟悉多了？我個人最喜歡他的一部作品是《為護慰者三聲歡呼》（*Three Cheers for the Paraclete*），故事中神學院的背景令我感到親切。

我從未見過托馬斯．肯尼利本人，這點可以肯定，其餘卻是混沌。記得有人曾告訴我肯尼利在我抵達萊德之前曾在我所就讀的聖十字學院擔任執事／牧師，但根據他的傳記所述，他曾迫於生計在我入學前一年任教於聖十字學院。無論如何，我雖與他未曾謀面，卻讀完了他的大部分著作。

肯尼利作品中博採眾長、兼容並蓄的特色固然令人印象深刻，但我始終難以相信，就算做足了功課，一位生活在二十世紀的澳洲作家何以真的同時擁有聖女貞德、林肯、先知摩西或拿破崙的視野去看待世界？在澳洲，肯尼利最為人熟知的是《吉米的頌歌》（*The Chant of Jimmie Blacksmith*），該書由真實事件改編，講述了一個受盡剝削的澳大利亞原住民瘋狂謀殺的故事。後來，肯尼利表示，他不會冒昧地以原住民的角度發聲，只是站在白人角色的視角來書寫。

## 愛玲的故事

我想提出一個問題：張愛玲的作品是否很好地洞悉了他人的生活？從表象而言，答案大概是否定的。因為她的所有作品都有着極大的時間（二十世紀中期）和空間（多為香港和上海）限制，而隨着歲月變遷，人們也漸漸遠離了那段時空背景。但如果事實果真如此，那麼經典如《紅樓夢》恐怕早就消失了。張愛玲的傳奇之處在於其爐火純青的文學功底以及她對人性的敏銳洞察，而更重要而有趣的問題是：她是如何做到這些呢？那些精妙絕倫的「金句」是如何創造出來？又是怎樣的靈光乍現才使她締造出眾多人物角色？這些都關乎作者本人而非題材。

有些作家（腦海裏忽然想到塞林格）時常隱居，也鮮有資料透露他們的創作歷程，有些作家雖留有史料卻不幸遺失不存。而就張愛玲而言，我們有幸擁有她的大量資料，包括長篇小說、短篇小說、散文、電影劇本、譯作、手稿、筆記、圖畫、照片、文件以及她與編輯、商業夥伴、同儕、朋友、家人的往來通信。光是信件一項，五十年來就有逾千封，以這些資料為素材的論文和期刊文獻數以萬計，集結成書的學術著作數百冊，未來還有更多內容可以挖掘。但在此之前，我們也許更應該專注於現有資料的整理和保存，讓全球的研究者得以獲取到這些研究資料。

**作者及譯者簡介**

宋以朗（Roland Soong），宋淇夫婦長子，美國紐約州立大學博士，香港知名部落格「東南西北」（zonaeuropa）創始人，引述及翻譯世界各地的時事新聞，備受重視。目前是張愛玲文學遺產的執行人，已出版張愛玲相關研究著作《張愛玲往來書信集．紙短情長》、《張愛玲往來書信集．書不盡言》。

鄒李蕾，香港文學館館長助理，香港城市大學翻譯學碩士，香港中文大學中國語言文學碩士。

# 我所認識的金庸 1

文／潘耀明

金庸的國際影響力和文學成就在全球範圍內得到了肯定和讚揚。他的作品不僅叩動許許多多讀者的心，更展現中華文化情懷，將中國文化的價值觀和美學理念傳播到世界各地，居功厥偉。

1996年作者與查良鏞先生（右）在日本熱海合影（潘耀明供圖）

1 這是於二〇二四年四月十八日香港珠海學院「家國江湖——金庸武俠小說茶話」的講話摘要。

金庸作為中國現代武俠小說的巨匠，以其獨特的創作風格和豐富的想象力征服了無數讀者的心。他創造了一個個傳世經典的人物形象，塑造了一個個令人難以忘懷的故事情節。他的作品融合了時代歷史、傳統文化和浪漫主義的元素，以精湛的筆觸和細膩的情感展現了中國俠客的精神。

金庸的寫作特色之一是他對人物的成功塑造。他筆下的角色個個鮮活奔跳、有血有肉，有着豐富的內心世界和獨特的個性。無論是俠客如郭靖、楊過、蕭鋒，還是複雜多變如黃藥師、成吉思汗，或在非正非邪之間擺動，作為反英雄人物出現的韋小寶，他們都具有鮮明的個性特點和生動的形象，使讀者們恍然置身於他們的世界，如癡如醉。

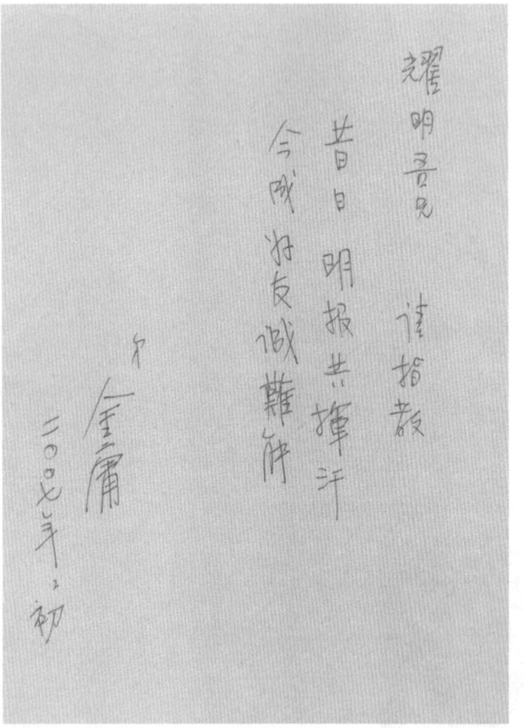

金庸在他題贈的大字版《笑傲江湖》扉頁上為潘耀明寫的兩句話（潘耀明供圖）

此外，金庸先生的作品往往把俠義、愛情和友情融入到故事情節之中，介於正邪之間，建構浪漫而理想化的情感世界。他通過對愛情的描寫，展現了人性的美好和追求真愛的渴望。他通過對友情的描繪，傳遞了互動、信任和忠誠的價值觀，這些情感元素不僅使作品充滿了感染力，也讓讀者們在閱讀中感受到了深深的共鳴。

金庸的作品不僅是一種文學創作，更對社會有正面貢獻和影響。他的作品弘揚了俠義精神，讓人們對於真善美的追求充滿了信心和勇氣。他的作品中反映出的社會問題和人性困境也引起了廣泛的關注和思考，促使人們對社會現實進行思索和反省。與此同時，金庸的作品也體現了超越功利是非判斷的價值觀。他的主角們常常面對著權力的壓迫和不義的行徑，但他們始終堅守自己的信念，勇敢地抵抗邪惡勢力。這種對於自由和正義的追求，不僅是金庸作品的主題，更體現了中華民族對自由和平等的渴望。

金庸的作品不僅影響整個華人世界，還被翻譯成多種語言，昂然走向世界。金庸作品的廣泛傳播，不僅為外國讀者提供了了解中國文化的窗口，也讓更多的人對中國的歷史、哲學和價值觀有了更深刻的認識。通過他的作品，金庸令外國讀者更了解中華文化真正的底蘊。正是因為金庸與他的好友梁羽生的作品所產生的巨大影響，使新派武俠小說成為中國文學的重要組成部分。

總之，金庸的國際影響力和文學成就在全球範圍內得到了肯定和讚揚。他的作品不僅叩動許許多多讀者的心，更展現中華文化情懷，將中國文化的價值觀和美學理念傳播到世界各地，居功厥偉。

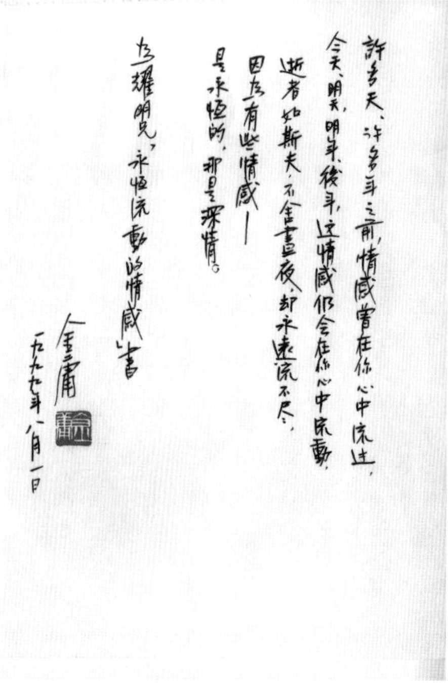

許多天、許多年之前，情感曾在你心中流過，
今天、明天、明年、後年，這情感仍會在你心中流動，
逝者如斯夫，不舍晝夜，却永遠流不尽。
因為有些情感——
是永恆的，那是深情。
為耀明兄「永恆流動的情感」書
金庸 一九九九年八月一日

金庸為潘耀明（筆名彥火）將出版的書《永恆流動的情感》題款並寫的一段話（潘耀明供圖）《永恆流動的情感》，彥火著，上海文藝出版社2000年1月第1版第1次印刷。

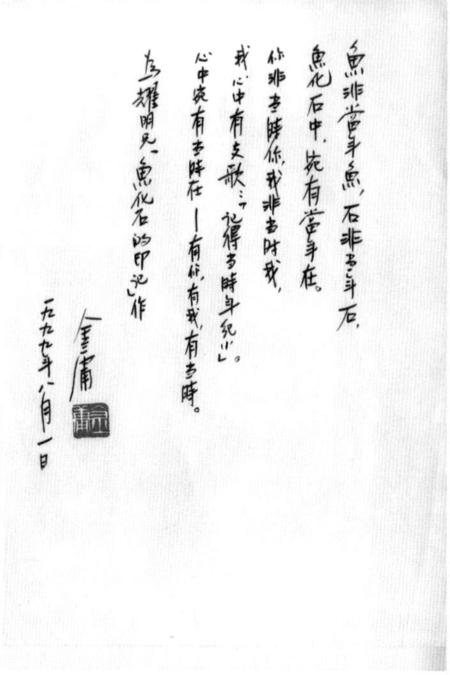

魚非當年魚，石非當年石，
魚化石中，猶有當年在。
你非當時你，我非當時我，
我心中有支歌：「記得當時年紀小」。
心中猶有當時在——有你，有我，有當時。
為耀明兄「魚化石的印記」作
金庸 一九九九年八月一日

金庸為潘耀明（筆名彥火）將出版的書《魚化石的印記》題款並寫的一段話（潘耀明供圖）《魚化石的印記》，彥火著，上海文藝出版社2000年1月第1版第1次印刷。

近距離看查良鏞

查先生是《明報月刊》創辦人，也是第一任主編。查先生雖然出售了明報企業，但他一直關注《明報月刊》的成長，他所撰述的文章，絕大部分優先給《明月》披載。他在《群星燦爛月華明》為題的文章指出：「《明月》的作者幾乎包括了與中國文化知識有關的各家各派人士，真正可以說得上是『群星燦爛』。」

在我入《明報月刊》之前，與查先生只是點頭之交。倒是曾應楊君澤兄的邀請，每周在《明報》寫文化特稿，之後王世瑜兄讓我寫一個每天見報的文化隨筆專欄。一九九一年一月四日，查先生通過董橋兄打電話給我，相約見面。那次敍晤，查先生手寫了聘書。

與前幾任的主編不一樣，查先生在聘書上寫明，除要我當總編輯之外，還兼任總經理。這也許與我之前在美國紐約大學（NYU）念的出版管理學和雜誌學有關。直到兩年之後《明報》上市，《明報月刊》也不例外受到市場的衝擊，我才幡然省悟查先生良苦的用心：他希望我在文化與市場之間取得平衡，可見他的高瞻遠矚。

第一天上班，例必向查先生報到，希望查先生就辦《明報月刊》給我一點提示。令我感到意外的是，查先生說話不多，依稀記得，他只淡淡地說了一句：「你瞧著辦吧！」當我向他徵詢，除了之前他在《明報月刊．發刊詞》揭櫫的「獨立、自由、寬容」辦刊精神外，他在商業社會辦一份虧蝕的文化性雜誌有什麼其他特殊原因嗎？他回答得簡潔：「我是想替明報集團穿上一件名牌西裝。」

換言之，辦《明報月刊》的另一層意義，也是為明報集團打造一塊文化品牌。後來他在另一個場合對我說，《明報》當初上市的股票，實質資產只有一幢北角明報大廈，每股港幣一角，上市後第一天的股值躍升至二元九角。換言之，有二元八角是文化品牌的價值。他說，文化品牌是無形財產，往往比有形資產的價值還要大。

正因為查先生的睿智，經過多年經營，使《明報》成為香港「公信力第一」的報紙，相信這也是《明報》無形的財產。

查先生賣了《明報》，也曾想過另起爐灶，大展拳腳。首先他想辦一份類似歷史文化的雜誌，他準備寫長篇歷史小說，並在這份新雜誌連載。於是他找我過檔到他自己經營的明河社出版有限公司，為他策劃新文化雜誌和管理出版社。

那時的《明報》還是于品海時代，《明報月刊》處於十分尷尬局面，我毅然辭去《明月》職務，準備追隨查大俠幹一番文化事業。當時查先生與我簽了五年合約。可惜在我入明河社前夕，查先生入了醫院，動了一次心臟接駁大手術。這次手術不是很順利，他在醫院住了大半年。我當時只帶一位秘書過去。查先生因身體狀況大不如前，他的歷史小說並沒有寫出來，對原來的宏圖大計也意興闌珊，我只能做一點文書工作，因給合約綰住，令我進退維谷。

後來張曉卿先生買了《明報》，我在明河社呆了一年後，一九九六年重返明報集團，接手明報出版社工作。有一段時期，《明月》的業務陷於低潮，當時明報集團的執行董事找我，迫切地希望我能兼任《明報月刊》，我一時推搪不了，這樣一兼就十三年（此後我還是專責《明報月刊》的業務工作）。當我返回《明月》當主編後，查先生晚年所撰寫的文章，大都在《明月》發表。

查先生主政明報集團，除了開會偶然講話外，平時大都是用寫字條的方式來傳遞他的指令。與他聊天，他用很濃重的海寧腔與你交談，很多人都不得其要領。

即使這樣，查先生的明報企業王國，卻是管理有度、應付裕如的，令人刮目相看。他奉行的是「用人不疑，疑人不用」的管理原則。他深諳用人唯賢、人盡其用的道理。一旦找到他所器重的人，便委以重任，放手讓其發揮，一般不過問具體事務。所以明報集團旗下，凝聚了不少有識之士。

與查先生一起辦報辦刊的潘粵生先生、董千里先生、韓中旋先生、雷煒坡先生、丁望先生、王世瑜先生、楊君澤先生，此後的胡菊人先生、董橋先生等都是報壇精英，蔚為明報集團的堅強陣容，是他們與查先生共同把《明報》打造成香港「公信力第一」的報紙！

查先生的成就是多方面的，這與他博覽群書、淵博的學問、廣闊的襟懷和獨特的眼光等諸因素都有關係。

集成功的報人、成功的作家、成功的企業家於一身的查先生，相信在海內外都是空前的，在這個商品味愈來愈濃重的社會，恐怕也很可能是絕後的。

**作者簡介**

潘耀明，本刊主編，香港文學館館長，著名作家、出版家。

# 因緣際會——張愛玲與香港的互為形塑

文／梁慕靈

張愛玲作品對香港的描寫和想像充分反映這個地方對她的重要性；另一方面，香港本身也參與了形塑張愛玲。要了解這方面的情況，最直接的方法可以觀察香港的報章如何報導和想像張愛玲。

張愛玲編劇的電影海報《南北一家親》（宋以朗供圖）

張愛玲其人其文在華文文化界的影響力至今不衰，其中香港對她的影響尤深。張愛玲共有三段時間在香港進行創作，分別為一九三九至一九四二年、一九五二至一九五五年，以及一九六一至一九六二年。在這三段時間中，張愛玲在第一個時期主要於香港大學求學，曾創作了〈天才夢〉，這幾年在香港的經歷和見聞後來成為她創作〈第一爐香〉、〈第二爐香〉、〈傾城之戀〉等作品的泉源，甚至到其後期作品《小團圓》亦有關於香港的情節在內。在第二個時期，張愛玲第二度赴港，除了結識到宋淇、鄺文美夫婦，更寫成了《秧歌》和《赤地之戀》兩本重要作品。張愛玲第三次赴港則主要為電懋影業公司寫作電影劇本。除了三次在港創作，她在上海和美國時期的創作亦與香港有關。另一方面，香港文化界對張愛玲亦十分重視，這從香港報章如何報導、呈現和想像張愛玲可以見到。由五〇年代起，張愛玲的電影劇作開始受到關注，香港報章因應其創作的電影之受歡迎程度作多日報導。到八〇年代，張愛玲文學作品對香港藝術界、文化界和電影界有着越來越大的影響力，因此我們可以在香港報章上找到越來越多關於張愛玲作品改編為舞台劇和電影的消息。由此可見，昔日香港想像張愛玲的方式和方向成為今日我們建立張愛玲印象的重要基礎。由於篇幅所限，以下本文將會集中呈現張愛玲於一九九五年逝世前香港報章對張愛玲的報導情況。

## 張愛玲筆下的香港

一九四一年十二月太平洋戰爭爆發，張愛玲在香港大學求學而遭逢日本佔領香港，不得不於一九四二年重回上海。其後，她於一九四三年在上海開始發表小說，曾提及自己以「上海人的觀點」來觀察香港，並寫成一系列以香港為背景的小說，以此呈現她以香港作為上海「他者」的想像，例如她在〈茉莉香片〉開首即明言：「我將要說給您聽的一段香港傳奇，恐怕也是一樣的苦──香港是一個華美的但是悲哀的城。」[1] 從這段文字我們可以看到她如何為上海讀者呈現一個傳奇化的香港。除此以外，〈第一爐香〉、〈第二爐香〉和〈茉莉香片〉，乃至〈連環套〉和後來的〈小團圓〉等小說，都包含了她在求學時期對香港所建立的印象和記憶。在〈連環套〉中，張愛玲以琳瑯的貨品來呈現晚清時期香港的殖民地色彩，她寫印度男子雅赫雅在香港開設的綢緞店：

> 雅赫雅的綢緞店是兩上兩下的樓房，店面上的一間正房，雅赫雅做了臥室，後面的一間分租了出去。最下層的地窖子卻是兩家共用的，黑壓壓堆着些箱籠，自己熬製的成條的肥皂，南洋捎來的紅紙封着的榴槤糕。丈來長的麻繩上串着風乾的無花果，盤成老粗的一圈一圈，堆在洋油桶上。頭上吊着燻魚，臘肉，半乾的褂袴。影影綽綽的美孚油燈。[2]

1 張愛玲：《第一爐香──張愛玲短篇小說集之二》（香港：皇冠出版社，一九九五年），頁二三四。

2 張愛玲：〈連環套〉，《張看》（香港：皇冠出版社，二〇〇〇年），頁二一。

這裏以瑣碎的物品配合視覺化的描寫，去呈現香港東西文化交匯的殖民地生活，更着力描繪舊香港的殖民地色彩。又例如在〈第一爐香〉中，小說同樣着力描寫香港的殖民地色彩，例如在小說尾聲把灣仔描繪成表面繁華、底子卻是荒涼的面貌：

> 兩人一路走一路看着攤子上的陳列品，這兒什麼都有，可是最主要的還是賣的是人。在那慘烈的汽油燈下，站着成群的女孩子，因為那過分誇張的光與影，一個個都有着淺藍的鼻子，綠色的面頰，腮上大片的胭脂，變成了紫色。[3]

上文所描寫的灣仔夜市充斥着琳瑯商品，那裏除了賣貨品亦賣人，這些「成群的女孩子」體現了香港繁華背後的荒涼景緻，呈現張愛玲典型的蒼涼哲學。此後下文更有以下描寫：

> 然而在這燈與人與貨之外，還有那淒清的天與海——無邊的荒涼，無邊的恐怖。她的未來，也是如此——不能想，想起來只有無邊的恐怖。她沒有天長地久的計畫。只有在這眼前的瑣碎的小東西裏，她的畏縮不安的心，能夠得到暫時的休息。[4]

這段文字把香港繁華的物質世界背後那種無邊的蒼涼感充分呈現出來，更以此表達了女主角只能從物質上得到暫時的安慰，以及對未來的絕望心境。香港的背景和特質為張愛玲提供了確立她的哲學和美學的重要基礎。

張愛玲編劇的電影海報《六月新娘》（宋以朗供圖）

及至五〇年代，張愛玲第二次赴港，在其作品中呈現了跟過去相異的香港想像。小說〈浮花浪蕊〉寫於五〇年代，本身有張愛玲在一九五二年離滬赴港的經驗在內。女主角洛貞由大陸到香港，儼然經歷一次歷險。在通過羅

3 張愛玲：〈第一爐香〉，《第一爐香——張愛玲短篇小說集之二》，頁三一二。

4 張愛玲：〈第一爐香〉，《第一爐香——張愛玲短篇小說集之二》，頁三一一。

湖關口時，張愛玲這樣描寫洛貞的感受：

> 出了大陸，怎麼走進毛姆的領域？有怪異之感。恍惚通過一個旅館甬道，保養得很好的舊樓，地毯吃沒了足音，靜悄悄的密不通風——時間旅行的圓筒形隧道，腳下滑溜溜的不好走，走着有些腳軟。羅湖的橋也有屋頂（……）5

這段文字把羅湖關口想像成陌生化的地方，有別於過去熟悉的空間。由此而形成的「怪異之感」被賦予了時間旅行的意義，令人恍如走進異域。接着張愛玲寫洛貞走過羅湖橋，由大陸過關到香港：

> 過了橋就是出境了，但是她那腳夫顯然認為還不夠安全，忽然撒腿飛奔起來，倒嚇了她一大跳，以為碰上了路劫，也只好跟着跑，緊追不捨。
>
> 是個小老頭子，竟一手提着兩隻箱子，一手攜着扁擔，狂奔穿過一大片野地，半禿的綠茵起伏，露出香港的乾紅土來，一直跑到小坡上兩棵大樹下，方放下箱子坐在地下歇腳，笑道：「好了！這不要緊了。」6

5 張愛玲：〈浮花浪蕊〉，《惘然記》（香港：皇冠出版社，一九九九年），頁三九。

6 張愛玲：〈浮花浪蕊〉，《惘然記》，頁四〇。

這段伴隨着逃難經歷的小插曲加深了女主角對香港的印象，張愛玲這時所寫的香港已經不是求學時期的傳奇浪漫及殖民地色彩的形象。

另一方面，張愛玲亦透過創作電影劇本呈現她對香港想像的另一種面貌。由五〇年代起，她創作了不少本土化的電影劇作，呈現香港普通市民的生活面貌，例如一九五七年的〈情場如戰場〉、一九五九年的〈桃花運〉和一九六〇年的〈六月新娘〉表現香港中產生活，到一九六二年起陸續創作的〈南北一家親〉、〈小兒女〉、〈一曲難忘〉、〈南北喜相逢〉中表現的香港普羅大眾的生活情態，題材既有男歡女愛，亦有親情倫理的一面，可見張愛玲對香港的印象從「傳奇化」轉而「生活化」。

張愛玲於一九六一年第三度重臨香港，後來寫成了〈重訪邊城〉一文，記錄她於兩地的體驗。在這篇散文中，我們讀到了張愛玲少見的對香港直接流露的感情。其中她寫到來港後，曾在晚上獨自到中環，卻感到有點害怕：

> 都怪我不肯多跑一趟，怕過海，要兩次併一次，這麼晚才去買東西。誰叫你這樣感傷起來，我對自己說。就有那麼些感情上的奢侈！怕今昔之感，就不要怕匝頸路劫。活該！7

這段文字讓我們看到張愛玲對香港的濃烈感情：由於怕今昔之感，所以不敢多過海一次，而這亦是她最後一次踏足香港。這一次，香港在張愛玲筆下成為一個將要告別的、充

7 張愛玲：〈重訪邊城〉，《重訪邊城》（香港：皇冠出版社，二〇〇八年），頁四七—四八。

滿回憶舊時的地方：「這不是擺綢布攤的街嗎？〔……〕事隔二十年，我又向來不認識路〔……〕但是就在這疑似之間，已經往事如潮，四周成為喧鬧的鬼市。」8 文章充滿了一種今昔之比的傷感，其觀察和感受香港的角度經歷幾次轉變，亦讓讀者感受到香港之於張愛玲生命中的重要性和特殊性。

## 香港報章中的張愛玲

張愛玲作品對香港的描寫和想像充分反映這個地方對她的重要性；另一方面，香港本身也參與了形塑張愛玲。要了解這方面的情況，最直接的方法可以觀察香港的報章如何報導和想像張愛玲。總的來說，五、六〇年代的香港報章主要呈現張愛玲作為喜劇編劇的形象，這從報章上有關她的劇作評論和報導可以見到。在一九五六年十二月二十三日的香港《工商晚報》，就刊登了一篇有關張愛玲所編喜劇〈情場如戰場〉的報導：

> 這一晃眼又是十年，張愛玲偏向於小說的翻譯和創造，很少寫劇本，直到最近，她又完成了一個電懋劇本「情場如戰場」，是個喜劇，以青年男女們的生活作素材，加以漫畫的寫法，那故事叫人看來就會笑。
>
> 〔……〕
>
> 近來許多以喜劇出現的，不是喜劇，簡直像瘋劇，「情場如戰場」完全是諷刺人生，它與憑着幻想創造的故事，自有霄壤之別。9

這段文字突出了張愛玲創作的〈情場如戰場〉在喜劇方面的成功，呈現了她在小說創作以外的另一種創作面貌。張愛玲創作之愛情喜劇在五、六〇年代廣受歡迎，其喜劇編劇的形象獲得報章確認。

及至六〇年代，張愛玲創作了〈南北一家親〉和〈南北喜相逢〉這兩部喜劇，兩部電影都廣受觀眾喜愛。對此，香港的報章同樣大加讚譽，例如一九六二年七月八日的《工商晚報》報導〈南北一家親〉的劇本由張愛玲所寫，形容她抵港以後「即深入各階層實地觀察，搜集素材，準備充分，才開始動筆」，而且這部電影「笑料豐富，把香港南北雙方人士的生活、習慣、性格的不協調，作了強烈的對照，〔……〕」10 這篇報導強調張愛玲對香港社會的了解而成就這齣成功的喜劇之作。由此可見，張愛玲從過去為上海人撰寫香港傳奇，逐漸轉型到為香港觀眾創作香港本土之作，呈現當時香港的真實面貌。香港報章的報導一方面顯示張愛玲對香港的觀察和了解，一方面亦突出了香港對張愛玲創作的重視。

八〇年代以後，香港文化界積極改編張愛玲作品為舞台

8 張愛玲：〈重訪邊城〉，《重訪邊城》，頁四九。

9 〈張愛玲編的上乘大喜劇「情場如戰場」淺水灣別墅外景經拍完〉，《工商晚報》，一九五六年十二月二十三日，頁二。

10 〈南北一家親「南北和」原班人馬演出　張愛玲編劇天林導演〉，《工商晚報》，一九六二年七月八日，頁六。

劇和電影，香港報章常有關於這方面的報導。在一九七六年二月十六日，《工商晚報》就有一篇關於麗的電視首播《半生緣》的報導：「中國著名的女作家張愛玲名著『半生緣』即將搬上螢幕與觀眾見面，這位風格特殊，引起文學評論家多方研究更擁有不少張迷的女作家，筆觸細膩，擅長描寫舊上海及戰後的香港亂離人的悲歡離合，『半生緣』為其中一部不可忽視的作品。」[11]這段文字除了稱讚《半生緣》，亦讓我們了解到張愛玲的作品與香港影視界的再次結緣，這時亦開啟了張愛玲作品改編成影視和舞台劇之風氣。

張愛玲編劇的電影海報《小兒女》 （宋以朗供圖）

在一九八二年五月三十日，《華僑日報》報導「進念．二十面體」改編了張愛玲的「心經」成為粵語話劇，並提到：「讀張愛玲的小說有如在看一齣電影，她善於刻劃人物心理，描寫感情變化細膩深刻，筆觸尖銳細緻，詞藻生動流麗，使故事中的人物、情節，都活脫脫地呈現在讀者眼前。」[12]從這段文字我們可以了解到張愛玲對話劇界的影響力，其後香港越來越多藝術團體改編她的作品，例如一九八三年四月二日的一篇報導就提到「進念．二十面體」新作〈兩女性〉取材於張愛玲小說〈怨女〉和〈金鎖記〉，並改編而成粵語舞台劇，更稱讚「張愛玲是中國現代重要女作家，以描寫女性之深刻而見長」，又讚賞以上兩部小說「故事淋漓盡緻地描劃人性，加上大自然的更替，時節的轉移，生老病死。」[13]從這段文字可以見到，張愛玲的作品為香港舞台劇創作帶來新方向，不單改

11 〈張愛玲「半生緣」今晚播映第一輯〉，《工商晚報》，一九七六年二月十六日，頁七。相同的報導亦見於〈張愛玲「半生緣」即將在麗的播映〉，《華僑日報》，一九七六年二月十八日，第三張頁三。

12 〈藝術中心上演粵語話劇　張愛玲小說「心經」改編〉，《華僑日報》，一九八二年五月三十日，第五張頁三。

13 〈張愛玲小說編成舞台劇　「兩女性」今續演出〉，《華僑日報》，一九八三年四月二日，第三張頁一。

編，並有結合兩個作品而成的全新創作。

到一九八三年，張愛玲的小說更獲改編成電影作品。十二月二十七日的一篇報導提及〈傾城之戀〉將會由許鞍華執導並改編成電影：「邵氏能購得此小說版權，乃透過一位與張愛玲女士很有淵源的老人家中與她接觸，而張愛玲曾細閱過由誰導，誰演，如何拍法等問題，最重要的是不能改動故事綫影響原著精神。」[14]可見張愛玲作品版權之難得和珍貴。至一九八四年八月，《明報》刊有「傾城之戀特輯」，以整頁的篇幅報導和分析《傾城之戀》的小說和電影，更刊有張愛玲親自撰寫的〈回顧「傾城之戀」〉，特輯為此有以下說明：「在電影『傾城之戀』公映前夕，張愛玲特由美寄回一段「回顧『傾城之戀』」短文，她在文中回想了當年在港生活的片段，寫『傾城之戀』的動機，並對港人喜愛『傾城之戀』這篇小說表示了感激。」[15]張愛玲在〈回顧「傾城之戀」〉中亦初次提及自己寫作〈傾城之戀〉是由於當年在港大讀書時，常到淺水灣飯店去看母親和她的友人，〈傾城之戀〉大致是他們的故事，又回想當時寫作小說中的一些得意的句子所感到的快感和滿足，並對喜愛這篇小說的人表達感激。[16]這篇說明較早讓我們了解到〈傾城之戀〉與張愛玲就讀港大的歲月，以及她母親在淺水灣飯店短住的經歷有關。其後要到《小團圓》等張愛玲後期作品出版，我們才更為清楚這段過去。

## 結語

李歐梵曾提及香港之於張愛玲創作之重要性：「香港就是她（張愛玲）的「她者」（other），沒有這個異國情調的「她者」，就不會顯示出張愛玲如何才是上海人。」[17]這段文字讓我們了解到張愛玲的寫作如何從香港這個地方獲得靈感和養分，並且通過與上海的對照而寫成多篇傑作。但是另一方面，過去由於歐戰而令張愛玲選擇到港大讀書，太平洋戰爭又令她要重回上海寫作；其後又因政治環境，她選擇二次赴港，幾年後又離港遠赴美國。後來由於謀求生計，張愛玲第三次短暫停留香港。這一連串歷史的偶然和生命的選擇，連結了香港和張愛玲的緣分：張愛玲既書寫香港，香港亦形塑了她。由此，我們可以看到香港之於張愛玲個人生命史和個人寫作史有着不言而喻的重要性。

**作者簡介**

梁慕靈，香港都會大學人文社會科學院副教授、副院長；田家炳中華文化中心主任。

14 〈張愛玲名作上銀幕　許鞍華再次顯功力〉，《工商晚報》，一九八三年十二月二十七日，頁五。

15 〈「傾城之戀」公映前夕　張愛玲萬里來鴻致意〉，《明報》，一九八四年八月三日，頁一八。

16 張愛玲：〈回顧「傾城之戀」〉，《明報》，一九八四年八月三日，頁一八。

17 李歐梵：〈香港：張愛玲筆下的「她者」——張愛玲以香港為背景的小說與電影〉，《蒼涼與世故：張愛玲的啟示》（香港：牛津大學出版社，二〇〇六年），頁一四二。

# 此中心事請誰傳——梁羽生先生百年有感[1]

文／陳墨

如果說文人武俠這個概念，不能概說全部梁羽生小說的特點，好在還有選擇，那就是把武俠小說當作「成年人的童話」。這個概念，是數學大師華羅庚先生針對梁羽生小說所言，當然最適合梁羽生小說。

二〇二四年是武俠小說兩位泰斗——金庸、梁羽生誕辰一百年，在紀念金庸先生的同時，我們更要懷念梁羽生先生。

梁羽生天資卓越、學養豐厚，上大學前，就曾受國學大師饒宗頤教授的居家指點，後又做歷史學家簡又文教授的入室弟子，上大學又受歷史學家金應熙教授熏陶，同時受大詞家冼玉清教授賞識。但他大學本科卻非歷史系，更不是文學系，而是化學系，後轉到經濟系。他又對心理學感興趣。他在象棋、圍棋、詩詞、楹聯等方面，見識過人，評說精彩，為行家所稱道。

一九四九年，梁羽生進《大公報》，金庸是考官，但入職不過數月，梁羽生就成了《大公報》社評委員會最年輕的成員，金庸卻不是。《新晚報》要找人寫武俠連載，總編輯首先想到的是梁羽生，而不是金庸。梁羽生寫武俠小說，比金庸早了整整一年。一年後梁羽生罷工不寫，總編輯羅孚才找金庸頂班。

1 這是在「百年梁羽生：永存俠影在人間——紀念梁羽生先生百年誕辰學術研討會」上的講話。會議由中國作家協會社會聯絡部、中國現代文學館、中國武俠文學學會聯合主辦，二〇二四年三月二十日在北京召開。

梁羽生書影（香港文學館藏書）

《香港當代作家作品選集．梁羽生卷》

2015年10月由（香港）天地圖書有限公司初版

城市文藝

（香港）張　初

## 香港欠梁羽生一個獎

1984年12月於北京，左起：張初、華羅庚、梁羽生

大年初一的晚上看電視新聞，突然看到梁羽生病逝的消息，心情很不好受。雖然不久前已知道他病情惡化，但仍盼一向樂天的他再能吉人天相，起碼多活一個時期，待我們為他做好一件事，誰知已經等不及了。

這件事緣自幾個月前，澳洲華人文化團體聯合會頒發了一個終身成就獎給他，他在港的朋友們認為他是香港作家，成就在香港，他對香港的貢獻是有目共睹的，香港應該給他一個終身成就獎才是。而我們正在找尋一位有資格的提名人，可惜的是太遲了！文統兄病逝的消息是年初一在電視新聞中播出的，見報時間是年初二，當日有不少報紙春節休息無報，但仍有不少報紙照常出版，包括銷量最大的幾份，對梁羽生離世的消息，大都做得很大，很詳細而且做了頭條，還有他的生平檔案，個人和作品的照片，且都有正面的評價，這就是他的「終身成就獎」，這是輿論給他的，我們認為香港早就應該給他這個獎了，但我們也做得太遲了。

我是50、51年間結識文統兄的，當時他常到《大公報》附近的一個社團活動，因為這個社團的一位辦事人是他的大學同學，他初時只是去打乒乓，他興頭很大，通常打到深夜，還有通宵達旦的，後來他在這社團主持一個文藝組，我參加了，同時向報刊投稿，因此他可說是我的老師。不久我也參加了報館工作，有一個較長時期也編副刊，跟他有些合作，因此他和我是亦師亦友。後來我服務的報紙也刊他的武俠小說，一個時期他的稿子是我經手發的，每天我先睹為快，聯絡也多了。他是個坦率的人，無所不談，我跟他談得來，成為莫逆。他後來也為我寫了很多關於中外古今文學的稿，可見他對文學作品涉獵之廣，認識之深，而又有獨特的見地，且能深入淺出地表達出來，使讀者獲益。還記得1985年，我同他一起出席中國作家協會第四次代表大會，我們同住京西賓館一個房間，一燈常記對床時。晚上，他跟我談詩論文，他跟我談了許多集句詩聯，一首一首的背誦出來，十分有序。他對詩文記憶力極強，無怪詩詞成為他武俠小說中的一個特點。但後來有論者說他小說中的集句是抄襲，令人啼笑皆非。又有人愛以他跟金庸比較，兩位的作品我都曾是第一個讀者，我以為是各有千秋，各具特點而已。兩位對香港都有獨特的貢獻。但香港就欠了梁羽生的一個獎了。

追憶新派武俠小說開山祖師梁羽生先生專號

23

作家張初為梁羽生抱不平〈香港欠梁羽生一個獎〉刊發於二十世紀八十年代香港的《城市文藝》

梁羽生先生雖然喜歡看小說，也喜歡和書友談論武俠小說，但卻從未想過自己要寫小說，更沒有想到要以寫小說為職業。這個人，卻成了香港新派武俠小說的開山宗師，寫作武俠小說三十年，成書三十五部，共計一百六十冊，從這個意義上說沒有梁羽生就沒有「新派武俠小說」。

## 一、新派武俠開山祖師

梁羽生小說的首要成就，當然是開新派武俠先河。所謂新派武俠小說，開始是指《新晚報》派，因為金庸、梁羽生都曾在《新晚報》工作過，他們的處女作也都在《新晚報》開始連載，所以被稱為新晚報派，亦即左派新武俠。梁羽生和金庸的影響越來越大，從不刊登武俠小說的右派大報也開始刊載武俠，吸引並培養自己的新派武俠作家。此時的新派變成了中性歷史描述，即跨越了左右兩派陣營，與鄧羽公、朱愚齋、我是山人、毛聊生等香港舊派武俠相比的新派武俠小說。在大陸，甚至有研究者把上世紀五十年代梁羽生和金庸開創的香港新派，當作與民國時期舊派武俠區分的標誌。

作為新派武俠小說的奠基人，梁羽生先生很自然地把自己在《大公報》習得的新時代世界觀、歷史觀、價值觀作為小說的價值標準；很自然地堅持俠道，甚至提出「可以無武，不可無俠」，並把對社會多數人有益有利作為俠之真偽和俠之大小的標準；很自然地把他所懂得的現代小說中對人的心理刻畫，以及其他種種新式寫作技巧融入自己的小說創作中。

梁羽生的武俠小說，以史為框架、以俠為梁柱，營造出人物形象及心理情感的美妙空間；進而，則是以詩情畫意的言語敍述，和豐富精美的文化陳列而讓人留連忘返，使其傳奇性武俠小說，成為可供觀賞流連的人文公園。

具體說，梁羽生武俠小說的特點，我想有這樣幾點。

一是為江湖傳奇設定歷史地平線，使武俠小說的內涵及意義大大提升。這不僅是一條線之外增加另一條線，而是在傳奇維度之外增加歷史的維度。

二是在歷史背景及歷史敘述中，確立漢民族愛國立場及人民史觀。反抗異族侵略、反抗階級壓迫，成為區分俠與非俠的重要原則。

三是在小說中實現男女平等，在英雄故事中充盈浪漫的愛情氣息。梁羽生小說中有大量女性主人公故事，巾幗不讓鬚眉，風景這邊更好。

四是以優美的語言風格及豐沛的詩情畫意，讓讀者駐足流連，津津樂道。

五是梁羽生小說兼具新潮與古典之美，小說中有豐富的中國傳統文化元素的展陳或浸潤，散發出熟悉而親切的故國情思。

新派小說居然兼具古典之美，這是特別要注意的一點。新派之新，固然包含創新求異，但決非一味的形式、技巧上的花樣翻新，更非徹底地擺脫或拋棄傳統文化與藝術的內容和形式。梁羽生的新派武俠小說，有時是舊瓶裝新酒，有時又新瓶裝舊酒，總之是新話與舊話的嫁接。即對傳統藝術內容和形式做符合現代人欣賞價值的借鑒選擇或打磨更新。最明顯的例證是，梁羽生的小說，自然而然地採用了古典小說的章回體，且多以對聯作為回目；進而，在很多小說中，他還將古典小說的開場詞、結尾詩形式也保留了下來。

金庸《書劍恩仇錄》和《碧血劍》也這麼幹過，但他的對聯和詩詞水平遠遠比不上梁羽生，也無法達到自己滿意的程度。所以《射鵰英雄傳》改弦更張。

梁羽生小說創新而不廢舊，其意義大到可以對百餘年來中西文化衝突與爭議有某種啟示：固守國粹肯定是死路一條，而全盤西化之途亦不可能走通。真正的向現代化發展的方向與道路，或許正在於對民族傳統做出新的判斷、選擇、淘洗和改造，以便它能成為現代人真正的精神財富。

## 二、文人小說和成年人的童話

梁羽生先生所寫，是文人武俠，而金庸所寫，是小說家的武俠。繪畫有畫家的畫、文人畫之分，小說好像也可以有這樣的區分。至少，在討論梁金兩大家時，應該有此區分。

什麼是文人武俠小說？

回答這個問題，也要參考文人畫的定義。所謂文人畫，是指不一定按照畫家技藝規範，而是以表達文人情懷及其美感意境為目標的繪畫作品。有些文人畫的筆法看上去似乎稚嫩甚至拙劣，若表達了高遠意境和豐富內涵，也會被文人同道欣賞和稱道。

文人武俠小說也當如是。文人武俠小說，首先當然是武俠，即小說中必須有武功有俠義；其次，文人武俠小說當然必須是小說，也有故事、情節、結構、人物、敘述語言等要素。關鍵問題是，是否必須按照小說家小說的標準衡量文人武俠小說的實際成就？例如故事新穎、情節緊湊、結構精妙，人物形象個性鮮活、敍述語言準確生動等等，能做到固然好。若是精彩程度不夠，或許是因為文人武俠小說作者別有追求，即詩文意境之美。如《七劍下天山》，這部小說美妙珍貴是它的詩情畫意，展覽美妙詩詞吟唱和鑒賞，滿足讀者的文化雅好。書中的幾個主人公，論民族，納蘭氏和三公主都是滿族，論階級，他們都屬於統治集團，在以民族鬥爭、階級鬥爭為綱的左派小說中，這幾個人被當作另類而獲寬容乃至讚賞，超越了民族和階級藩籬，抵達人性文化的更高境界，撫慰靈魂，啟發心智，善莫大焉。或許，這才是一些人特別喜歡梁羽生及其《七劍下天山》的真正原因吧！

如果說文人武俠這個概念，不能概說全部梁羽生小說的特點，好在還有選擇，那就是把武俠小說當作「成年人的童話」。這個概念，是數學大師華羅庚先生針對梁羽生小說所言，當然最適合梁羽生小說。

梁羽生《白髮魔女傳》十八回中，李自成說：

梁羽生書影（香港文學館藏書）
《塞外奇俠傳》1996年修訂本初版
由（香港）天地圖書有限公司出版

「……我們雖然也與明朝皇帝作對，可是若然異族入侵，那麼我們就寧願與官軍聯合，共抗異族的，你說對麼？」這讓練霓裳「覺得李自成氣度之廣，見識之高，殊非常人能及。」

有人會覺得這裏的李自成太高大全了，與歷史上的李自成相距太遠。那不錯。但也可以為梁羽生辯護，即：這是童話筆法。好人與壞人黑白分明，而且好就好得純粹，壞就壞得徹底，於是《七劍下天山》中康熙皇帝上五台山殺父。

《七劍下天山》第五回，天地會總舵主韓志邦失戀之際，遇到一隻小鹿，竟喃喃自語「『小鹿，小鹿，我也是個沒有朋友的人，你不嫌棄，我和你做個朋友吧。』」這寫法，可能也讓一些人不適，那是因為不怎麼習慣童話口味。

有人不喜歡武俠小說，原因之一，是不習慣武俠小說的童話性。看不慣不願長大的彼得·潘。梁羽生歷史學養深厚，當然懂得歷史上的李自成和康熙是怎樣的人，卻偏要把他們推向好與壞的極端，因為他在寫武俠小說，在講成人童話。

所謂「成年人的童話」，不僅包含童心童趣，同時也包括成年人的思想和智慧。梁羽生的武俠小說，基礎形態是童話，卻又始終在成年人的精神視野中。其中史話、俠話、詩話和情話，半是單純童趣，半是成年滄桑。

例如，《七劍下天山》中出現的白髮魔女、飛紅巾、易蘭珠三代女性「可憐未老頭先白」的震撼性場景，就是以童趣和滄桑感完美結合。這一場景感動了讀者，也激發了作者的靈感，後來為飛紅巾寫《飛紅巾》（《塞外奇俠傳》），為白髮魔女寫《白髮魔女傳》，一個創意成就了三部小說。

梁羽生的《江湖三女俠》、《萍蹤俠影錄》、《冰川天女傳》、《還劍奇情錄》和《散花女俠》等，詩性充盈，口碑上佳，我個人最喜歡的梁羽生小說，是《白髮魔女傳》、《雲海玉弓緣》、《大唐遊俠傳》和《龍鳳寶釵緣》，對啦，還有《飛鳳潛龍》。

喜歡《白髮魔女傳》，是因為，小說中有社會道德和個人情感的衝突，命運悲劇和性格悲劇的疊加，還有叢林世界和文明世界的衝突與迷茫，練霓裳、卓一航等人的個性形象也都很有意思，喜歡對岸風景，奈何無法泅渡。

喜歡《雲海玉弓緣》，是因為，金世遺這個人物形象，把成人智慧和童趣童心的張力發揮到了極端。金世遺的三位女友中，類似薛寶釵的三好學生谷之華，和尚未成年的天真少女李沁梅雖有特色，但都比不上林黛玉和鳳姐的合體厲勝男。金世遺以為自己所愛是谷之華，厲勝男死後才發現自己最愛是這個女魔頭，這一筆也是小說中最為震撼人心同時發人深省的情節段落。

喜歡《大唐遊俠傳》，是因為，這部小說洗盡鉛華，平實樸素，具有大唐風。小說嫁接了《隋唐演義》和唐傳奇中人物及其後代故事，唐風唐韻，貨真價實。段珪璋、南霽雲兩位遊俠形象，是「為國為民，俠之大者」價值觀的最佳詮釋。

喜歡《龍鳳寶釵緣》，是因為，段克邪與史若梅的愛情故事，與他們的人生背景、江湖天地、社會矛盾和歷史命運結合在一起。段克邪和史若梅的個性突出，有心理年齡及成長背景依據，史若梅演繹薛紅線，讓人驚嘆也發人深思。

梁羽生書影（香港文學館藏書）
《冰川天女傳》1996 年修訂本三版
由（香港）天地圖書有限公司出版

喜歡《飛鳳潛龍》，是因為，它引入了間諜、推理元素，講述的卻是民族衝突背景下的愛情悲劇。它超越漢民族立場，對異族愛情主人公一視同仁。小說篇幅不長，敘事十分精煉，留白空間不少，可沉浸體驗。

## 二、不盡的思念

梁羽生先生是地道的書生，也是純粹的書生，從家門到學校門，從學校門到報社門，幾乎沒有經歷什麼社會生活歷練。所以，他說他的小說創作，無法走真正的現實主義的路子，只能走浪漫主義的路子，這話是他自己說的。

所以，梁羽生的小說，文人小說也好，成年人的童話也好，長處是想象力豐富，浪漫氣息濃郁，充滿詩情畫意，而人文思想深度多少有些不足。

我曾見過梁羽生先生。那是二〇〇五年九月初，我接到廣西電視台文藝部的一個電話，他們邀請了梁羽生先生夫婦回家鄉參加電視台中秋晚會，說梁羽生先生希望我去陪他。問我是不是能去？我問真的是梁先生召喚嗎？他們說是的。

我說：我去，當然要去。於是我去了，陪他活動，陪他聊天，先去桂林，後到南寧。那是我首次，也是唯一一次與梁先生相見並同行。

梁先生仁厚坦誠，豁達寬容，帶有民國氣息的文雅風流。還有，老人家童心猶在，活潑頑皮，年登耄耋，卻如兒童般單純天真。

那時梁先生的身體不怎麼好，有心臟病、糖尿病，還有膀胱癌。他在廣西期間，始終有醫生和護士隨身陪護。梁太太對先生的作息時間管得很嚴，梁先生想與我或孫立川先生談話，必須向太太請假。通常是半小時，最多給一小時，時間到了，梁先生未盡興，就向太太續假。若太太不批，梁先生就懇求，甚至耍賴，賭咒發誓，只要再給半小時，絕不再延，云云。那時，梁先生是十足頑童。

我說梁先生有兒童般的單純天真，卻並非因為他和太太請假耍賴，而是因為，直到他年過八旬，仍然心心念念都想解決一個謎題，即：為什麼人們說香港新派武俠小說，從梁羽生、金庸，變成了金庸、梁羽生？

我曾提醒過他，梁金顛倒為金梁，他本人是始作俑者。一九九六年，他在《海光文藝》發表《金庸梁羽生合論》，當是最早將「梁金」變成「金梁」。若說那篇《合論》是出於禮貌才主動退居次席，但後來，梁先生仍經常公開說：「開風氣也，梁羽生；發揚光大者，金庸。」——類似的話他在很多場合都說過，在澳洲說過，在香港說過；此次在廣西，這話他也說過好幾次，我在現場親耳所聞。

我相信他說的真心話，因為他是才子，是智者，更是君子，不會說謊。可是在他和我的閒談中，卻似乎對梁金變成金梁有點想不通，似乎也有些不服氣。梁先生的不服氣，我不認為是虛榮心。他平生淡泊名利，退休後，從一九八七年起就已在澳大利亞隱居，更是與世無爭。「金梁謎題」的糾結，與其說是名利心、虛榮心，不如說是基於好勝童心，更不如說是單純的好奇心。

這一份澄澈的天真，讓梁先生格外可親可愛。

梁先生的謎題和心結，金庸先生似乎也知道。證據是，二〇〇九年梁先生去世後，金庸先生送梁先生輓聯：「同行同事同年大先輩，亦狂亦俠亦文好朋友」。那副輓聯落款非常有意思，是「自愧不如者，同年弟金庸敬輓」。金庸承認自愧不如，那顯然是要撫慰梁先生的好奇心和好勝心，讓梁先生安息。

在桂林時，梁先生也曾專門出題考我，要我說，他和金庸究竟有何差異。對這個問題，相信每個武俠迷都有自己的思路和答案，我當然也有自己的思考。

梁先生的天資、才華、學識都不在金庸先生之下；而詩詞楹聯的創作水平、鑒賞才能、學養深度，金庸先生更是望塵莫及。

但金庸先生勇於獨立、樂於傳奇、善於經營，梁先生顯然有所不及。

考慮到梁先生當時的身體狀況，而我和梁先生又並非深交，又因梁太太管理嚴格使得我與梁先生單獨交談的時間有限，所以，我只對梁先生說：「金庸先生善於經營」，包括作品結構經營、作品形式創新實驗、連載後多次修訂，以及對自己圖書版權和改編版權的經營，等等。

梁羽生書影（香港文學館藏書）
《梁羽生閑說〈金瓶梅〉》
2018年8月由（北京）生活．讀書．新知三聯書店初版

至於金庸敢於獨立、樂於傳奇，則不忍說，也沒有時間和機會說。

梁先生在《金庸梁羽生合論》中說，他是傳統名士型，金庸是現代洋才子，只說到他喜歡古典詩詞，金庸先生喜歡西方小說和電影。

他可能沒有想過，現代洋才子源頭是良心自由，勇於追求人格獨立、敢於使用理性的現代個體；傳統書生則是專制王朝的順民、通常缺乏精神獨立勇氣。

更重要的是，現代洋才子屬於現代工業文明，而傳統書生屬於傳統農業文明。

梁羽生才華卓越，他的聯話、棋話、史話、詩話、詞話和《金瓶梅》閒話，獨具一格，粉絲無數。他的三十五部、一百六十冊武俠小說，稱得上巍峨浩蕩。他的一生，勤奮耕耘，碩果累累；善待眾生，無愧無作，不必與人比高低。

中山大學冼玉清教授說梁羽生「忠厚坦摯，近世罕見」，是貼心之論。梁先生確實是謙謙君子，溫潤如玉。我曾沐浴君子之風，如受靈息吹拂，彷彿蕩滌了心靈污染，讓自己變得更加清爽。

最後，我要感謝梁羽生先生，感謝他的信任和厚愛，感謝他給後人留下一片不朽的人文風景。

**作者簡介**

陳墨，原名陳必強，中國電影資料館研究員。著有「陳墨評金庸系列」十三卷。金庸千禧年新修版《神雕俠侶》曾為了參考陳墨的意見而暫停印刷。

# 龍井採茶

文／鄭培凱

老友邀我在清明前後，到杭州去遊覽，説桃花開時，西湖遊客太多，不如到郊外走走，新筍上市了，土步魚也開眼了，可以好好享受江南早春的閒逸，在湖山煙雨的迷濛之中，嘗嘗春天的第一撥美味佳餚。可惜我在香港冗事太多，雖然答應前去相聚，拖來拖去，還是錯失了早春的良辰美景。直到穀雨前幾天，還是因為故宮博物館安排的宮廷茶事研討會，要我去做個主題演講，才得排除身邊瑣事，容出兩天時間，到中國茶葉博物館去開會。

我在二十年前去過茶葉博物館，那時建館不久，還是草創階段，但選取的地勢很好，在龍井村山麓面臨西湖茅家埠一帶，環山面水，是上好的風水寶地。博物館依山而建，掩映在茂密的林木之中，四周環繞着茶園，舉目望去，一片青綠山水景色。後來還去過幾次，之後就忙於浙江大學的教學與良渚遺址的活動，算起來最後一次去茶葉博物館也有十年之久了。不過，印象一直很好，記得建築的粉牆黛瓦與山徑的逶迤，廳堂之間還穿插了花廊、曲徑、假山、池塘，饒有江南園林的韻味。

開會議程安排得簡單有趣，除了專題演講與學術交流之外，就是學術考察與實踐。在杭州考察，一般總是參觀博物館的展覽，觀賞館藏文物，甚至安排遊覽西湖。主辦單位大概覺得西湖咫尺，有興趣的可以自己去遊湖，也就不必安排，倒是特意安排了實踐活動，到茶園去採茶。這天剛好是閉關休息日，館內專家可以為參會學者仔細導賞，講解之後，就帶着大隊人馬離開展覽廳，下山去採茶了。我對製茶的具體程序與歷代茶具比較有興趣，參觀到後來，就滯後成了隊尾。最後一個特展廳陳列了私家捐獻的紫砂茶具，有些明清舊物，還有陳明遠、邵元祥、楊鵬年等名家的作品，我深感興趣，多看了一會兒，結果是參觀完畢，空蕩蕩的博物館，只剩下我一個人，不知道隊伍已經到哪裏去了。

好不容易穿過蜿蜒的山徑，在山下的茶園入口，找到了採茶的隊伍。每人分了一頂斗笠、一膀茶簍，告訴我們沿著茶畦，撿嫩芽摘下即可。這時已經過了清明一個多星期了，清明前後採過一茬，現在的茶芽是剩下的雨前茶芽，特別留給我們採摘的。採上好茶芽的關鍵是，一芽一葉為好，因為最是鮮嫩，採的時候只要一掰，自然就斷了，不必用指甲尖去掐。我記得宋徽宗《大觀茶論》論茶芽的採擇，説是要用指甲斷芽的：「用爪斷芽，不以指揉，慮氣汗熏漬；茶不鮮潔。故茶工多以新汲水自隨，得芽則投諸水。」不過，宋徽宗所講的茶葉，是驚蟄之時的茶芽，早於清明一個月，情況相當不同，大概不用指甲掐不下來。

採了半個多小時，看看也有二兩龍井茶芽了，乘興而歸。

**作者簡介**

鄭培凱，耶魯大學歷史學博士，哈佛大學博士後。中國民間文藝家協會香港分會主席。

# 像攢蛋犯一樣去生活

文／毛尖

像攢蛋犯一樣去生活。攢蛋不灌你毒雞湯，或者攢得你蛋疼，或者直接加你雞腿，攢蛋的世界，不搞曖昧外交不搞虛頭巴腦，一切都清楚明亮。親友朋友都會失約會食言會出爾反爾，但牌友不會。攢蛋，就是一整個中國的道德修養課。

股市碧綠時代，手上還握着一手好牌的，已經寥寥可數。但也因此，全民攢蛋熱更高，因為我們剩下的那點卑微夢想，最後就只夠交付牌桌。

去攢蛋，去用被社會毒打後的僅剩力氣，攢出生命的剎那花火。上了牌桌，歲月才能煥然一新。生活會欺騙我們，牌桌不會。一個小2壓住上家，一把順子遞給對家，就算下家手上握着兩個大怪，也只能媽媽咪呀嘴上下雪，以小制大的事情，攢蛋幫我們實現，在那一刻，你一整年的憋屈，破壁而出。

人間多渣事，你交付了青春的公司，一夜倒閉，拍了一半的電影，資金斷片，嘔心瀝血了三年的課題，被病毒吞沒，排山倒海的悲傷，把你攔腰砍下，這個時候，攢蛋，只有攢蛋才能拯救你。

去攢蛋，把你玉石俱焚的悲憤交給牌桌。攢蛋是修羅場也是羅陀斯，即使是一手爛牌，誰也不能中途棄跑，熬到底，只剩一張小3，你也熬到底。一張小3的你，社會早徹底放棄你，但是，你的牌友不會，永遠不會。他在全力營救你的路上，他左手連對，右手鋼板，你接風。

攢蛋會讓你相信，野百合也有春天。老師讓你讀魯迅說絕望之為虛妄正與希望相同，大師讓你讀世界史說未來也是一天一天來的，但未來的絕望依然是絕望，魯迅在今天也顯得書生

小魚供圖

氣，怎麼辦，摜蛋。

摜蛋的規則其實很社會，甚至包含了巧取豪奪，輸家進貢，貧家更貧，但是，贏家回放的黑4紅5，很可能組隊你的三個4變成陳勝吳廣，而更重要的設定是，贏家打到A，如果連續三屆沒有過，就得降到2從頭來過。這才是絕望和希望相同的真正原理，魯迅英年早逝，就是因為不打牌，沒有洞悉世間的終極三昧真火。一樣缺真火的是巴迪歐，他說愛情是最小的共產主義，這句話跑遍世界被我們用爛，但那是巴迪歐沒見過摜蛋。摜蛋才有共產主義的全部性質，哪是排他性的愛情可比。

所以，不用害怕被欺騙被背叛，沒有什麼事情是摜蛋不能解決。你付出了全部身心的男人，在一個傍晚突然對你說，他其實更喜歡男孩，你的朋友建議你看《某人某地》（*Somebody Somewhere*，2022 & 2023），那麼好的女主也遇到了和你一樣的事情，這個世界上糟心的事情多得是，要不然，你再看看《德雷爾一家》（*The Durrells*，2016-2019），世界上頭號治癒劇集，但你發現，所有的文藝都無法止血，所有的《重啟人生》（2023）都不過是灰色烏托邦，戀人的兇殘和堅硬，遠超敵人。這個時候，去摜蛋。

去摜蛋，願賭服輸是生命律令，愛也不過是一場豪賭。去摜蛋，還有什麼事情比突然發現一手爛牌裏其實藏着一把同花順更讓人起死回生，阡陌重整頓，百花再吐艷，三把過後盡開顏，毛主席喜歡打牌，鄧小平喜歡打牌，挺得過牌局生死，才參得透五嶺逶迤。

像摜蛋犯一樣去生活。摜蛋不灌你毒雞湯，或者摜得你蛋疼，或者直接加你雞腿，摜蛋的世界，不搞曖昧外交不搞虛頭巴腦，一切都清楚明亮。親友朋友都會失約會食言會出爾反爾，但牌友不會。摜蛋，就是一整個中國的道德修養課。未來研究生招生，思政面試，摜蛋能打敗導師的，允許直接免試。全國通識教育第一課，摜蛋，既解決青少年過宅，也加強團隊精神，順手解決男女問題。摜蛋打通任督二脈，後面選修「親親」「生生」哲學，便水到渠成。

經濟下行時代，摜蛋，還是一個國家的民生防線。只要這個世界還放得下一億張摜蛋桌，中國人的荷爾蒙就還在最好的位置上，用里爾克的話說，愛打牌的，「都有充分的忍耐去擔當，有充分單純的心去信仰」，而且不管發生什麼事，蛋友們都相信，無論如何，生活是合理的。

所以，摜蛋，就是一個國家的大學。春天來了，願你像摜蛋犯一樣去生活。

**作者簡介**

毛尖，華東師範大學教授，作家，著有《非常罪，非常美：毛尖電影筆記》、《有一隻老虎在浴室》、《夜短夢長》、《一寸灰》、《凜冬將至》等二十種。

# 茶氣 氣行周天 內觀自我

不理解的人以為這是文人穿鑿附會，然現在科學確實可以知道茶氣從何而來？進而從茶氣來佐證茶的優劣所在。

文／圖 池宗憲

茶氣，買錯茶對茶生氣；買對茶，氣行周天，五氣朝元。

茶氣你沒聽過？那你對茶不熟？！其實古人對於茶氣早就有體感，盧仝（795- 835）〈走筆謝孟諫議寄新茶〉中〈七碗茶歌〉的「發輕汗，毛孔散，肌骨清」的身體反應，隱約透露出「茶氣」的感受「一碗喉吻潤，兩碗破孤悶。三碗搜枯腸，唯有文字五千卷。四碗發輕汗，平生不平事，盡向毛孔散。五碗肌骨清，六碗通仙靈。七碗喫不得也，唯覺兩腋習習清風生。」這樣的茶氣已經讓人快要成仙了，不理解的人以為這是文人穿鑿附會，然現在科學確實可以知道茶氣從何而來？進而從茶氣來佐證茶的優劣所在。

茶氣是茶葉裏的礦物質和微生物透過泡飲和品飲者互動的感受。現在人喝茶忽略身體內在感應，只注意茶的稀有性，價格高低？如何讓茶氣在身體內氣走任督二脈？

茶氣，古人用體感，今人用分析，茶葉裏面有酶具有生物催化功能，當喝到酶的時候，它的高度催化吸收和代謝功能，會使我們的氣血循環增加，此乃茶氣來源！

傳統的思維茶氣已有灼見，陳摶（？-989）《無極圖》裏提到，「以玄牝谷神為人身命門兩腎空隙之處，氣之所由之生，是為祖氣，凡人五官百骸之運用知覺，皆根於此。」這裏說有氣，是根源於「人身命門兩腎空隙之處……」然後才能引動全身的知覺。黃宗炎（1616-1686）更進一步解釋：「……拙真祖氣上升為稍上一團，名為煉精化氣……」不要以為這是道家練功。事實上，好茶入口，不稍一兩分鐘，丹田有熱氣，稍用意念調整，在身體中央部位的「土」、下方的「金水」，以及上方的「水」、「火」就會互相聯絡為一團，成為「五氣朝元」。

我喝一九二〇年紅標宋聘普洱，一九三二年台灣矮腳烏龍，二〇二二年吳三地武夷茶時，茶種互異，卻共感得茶氣。

茶的溫潤和諧進入身體後，讓水火交融，若《易經》所言就是取坎填離，讓身體運化混合為一，這時全身舒坦，精見茶氣所在。老子所說「萬物負陰而抱陽，沖氣以為和」或者是《周易》裏提到的「乾，陽物也。坤，陰物也。陰陽合德而剛柔有體」陰陽適度才能夠有大和。品茶，透過茶氣便入大和之境。

茶氣的體會，用「動態平衡」來領略，先看品後身體三個脈穴有沒有輕微發汗？茶氣使血液壓力波增強，手掌心勞宮穴循環加快，就會出現十指末梢泛紅，循環好的人會出汗水，嘴唇上的人中穴也會發熱發汗，身體狀況佳者，有時連腳底的湧泉穴也會出現微熱感。

茶氣可以牽動循環帶來身體的共振，那麼什麼樣的茶才具足這樣的功能？

有人以為陳年普洱，有人以為老茶，其實茶的多樣版圖中，都各自相異，卻也各自精彩。無論什麼樣的茶，有茶氣的茶種條件：一、土壤生態，自然植被所給予茶樹的礦物跟生態的多樣性，土壤裏面的微生物讓茶樹得到滋養，這樣的茶樹所種植的地方，自然帶來豐富的內含物；二、茶樹有喬木、灌木及半喬木等，不論是喬木普洱或半喬木武夷茶，茶樹根和茶樹身等高，代表這類茶深入地底獲取土壤礦物質多樣性，其茶氣相對較豐富；三、陳年茶經後發酵醇化作用，累積茶皂酣，具有蔘味擁有茶氣特色。

茶氣向愛茗者招手，然而有了好茶，品者亦得相應才知茶氣為何？喝茶之人，有時一入口就開始打嗝，指尖末端開始循環發熱、發紅；但有人卻無感，這到底是怎麼回事？身體內部反應機靈或遲鈍，正對應平日的飲食作息。凡作息正常、口味清淡者，對茶氣反應的機轉快，對於茶氣的體會明顯，職是之故，好茶可得自我修煉更不可少。

茶氣不是神話，有科學根據，古至今的探索，給今人自學之道，看見茶氣雙修的功能，更能藉助茶氣看見茶的優劣，檢視自己身體的狀態。喝茶讓自己做了「體檢」，也讓茶葉的優劣現身。

茶氣是一種共振，是一種能量的表現，茶氣是現代人對茶的認知，以及對自己身體的內觀，下一口茶茶氣的到來？你準好了嗎？

**作者簡介**

池宗憲，資深媒體人及茶學專家、茶器鑑定收藏家。台灣大學新聞研究所畢業，曾任大成報總編輯，現為國際伺茶師學院創辦人。

# 我塑梁羽生與金庸

文／陳建華

二〇二四年四月十一日寫於南京

雕是減，塑是加，創作就是激發自我潛能的過程，泥塑從內在骨架支撐到泥巴的增減，包含了破立和虛實；從實心泥胎到最後高溫銅水冷卻後的凝固，一切不能未卜先知。要學會留白更要懂得適可而止，與研修武學一樣，需經歷涅槃乃終成正果，雕塑創作過程本就蘊含着取捨的哲學。

金庸塑像（陳建華供圖）

七十年代末，生在沿海內地的我，是在一個沒有互聯網、娛樂形式荒蕪的時代成長起來的。那時，我們偶然間通過一本武俠連環畫、收音機里單田芳老師的一段評書、一部港產武俠電視劇接觸到了武俠世界。那時以金庸和梁羽生為代表的武俠小說作品，使得我們青少年時期精神不再匱乏，他們的作品成為了我們重要的閱讀材料和精神寄託，這些小說啟蒙了我們對於江湖、英雄、愛情與道義的理解。

梁羽生被譽為新派武俠小說的開山祖師，他的作品率先打破了傳統武俠小說的局限，引入了更為深厚的歷史背景、文化內涵以及對俠義精神的重新詮釋——「俠之大者，為國為民」。對於七十後而言，梁羽生的作品是我們接觸武俠世界的開山入門之作。

金庸在武俠小說領域的影響更為廣泛且深遠。他的作品在情節佈局、人物塑造、武功設計、情感描繪等方面展現出卓越的藝術成就，構建了一個個宏大而細膩的武俠世界。金庸小說中的經典人物、武功秘笈、門派紛爭以及深入人心的江湖情義，對七十後產生了深刻烙印，成為我們集體文化記憶的一部分。

金庸、梁羽生二位先生作品給了我們不同的閱讀體驗和感悟，他們作品中的武俠世界、歷史底蘊、人文情懷、道德哲學等多元元素，符合了我們那個年代的審美取向和閱讀期待，引發了幾代人深遠的情感共鳴和思考，我們從中汲取了勇氣、智慧和諸多人生哲學。

隨著年齡增長和個人經歷的變化，我對二位先生的理解和敬意又多了幾分。一個是開先河者，一位是集大成者，或外放，或內合，一個是奔波四方的國士，一個是急流勇退的隱士。「梁金」同齡、同在香港、同為造俠者卻不同於「瑜亮」之爭，我們看到更多的是二者彼此相惜和敬重的君子情義。

早在二〇一八年金庸逝世後的第四天我就完成了金庸先生的泥塑肖像，今年值金庸和梁羽生誕辰百年之際，欣聞香港文學館籌備多年並將於近期開放。令我倍感榮幸的是，我收到了香港文學館向我發起了為梁羽生先生塑像的邀請。

與金庸先生雕塑凌厲的塑痕風格不同，我在塑造梁羽生先生時的手法溫和謙遜相對含蓄細膩。兩尊塑像呈現的構圖

陳建華為梁羽生塑像（陳建華供圖）

狀態是迴異的，塑造手法也各有不同，但，最終兩尊雕塑眉宇之間呈現出的豁達氣度是相同的。

雕是減，塑是加，創作就是激發自我潛能的過程，泥塑從內在骨架支撐到泥巴的增減，包含了破立和虛實；從實心泥胎到最後高溫銅水冷卻後的凝固，一切不能未卜先知。要學會留白更要懂得適可而止，與研修武學一樣，需經歷涅槃乃終成正果，雕塑創作過程本就蘊含着取捨的哲學。

在此，我謹通過造像來表達內心對二位先生的致敬和緬懷之情。並以此淺文對諸多方家和友人對作品的關心表示謝意，更特別致謝香港文學館對「梁金」塑像作品的永久收藏。

**作者簡介**

陳建華，南京雕塑家。

# 山民自敘

文／劉國玉

二〇一八年九月三十日

井蛙向不屑崇洋媚外、裝腔作勢的海龜，不屑在地球上瀟灑走一回的浮華名利之徒，膜拜雖然未能改變魯國卻改變了世界的聖人孔子，蓋因此位主張「有教無類」的民辦教師在地球上走出了深且巨大的腳印，任憑千萬年之惡泥濁水莫能掩蓋，吾輩得無敬畏乎？

劉國玉　《南國雨林之二》　紙本焦墨

劉國玉 《望岳》 紙本焦墨 97cm×180cm

余廣東客籍，遠祖在徐州，堂號曰「彭城堂」。故自號「彭城移民」、「嶺南老客」。長居翁山一隅，環居皆山也，高岸深谷，況為周天明星所凜視，宛如坐井而觀天，故取室名曰「井觀居」。然翁山乃周王庶子封地，即以山為姓始有翁氏之族焉。地當庾嶺餘脈，山林厲瘴，遠隔都會，或曰陋，然山之北有張文獻公祠，去數十里而有禪宗祖庭，山之西出唐詩人邵太學、宋名臣梅中丞、康熙翰林李韶石，山之南出明抗倭名將太子太保陳璘。明末清初嶺南三大詩人之首屈大均心嚮往之，夢登翁山，即以翁山自字，環視皆人傑也。子曰：「君子居之，何陋之有？」故自以為縱居陋巷而有分外之榮，況余曾遭階級鬥爭之苦，從廣州美院附中遣返回鄉苦力生涯十七年，稱號「翁山山民」，可謂資質具焉。嗜讀古聖賢之書，東坡居士云：「意其飄然脱去世俗之樂而自樂其樂也。」自撰一聯揭於室門：「井底固寒幾許清暉養道骨；觀天無礙

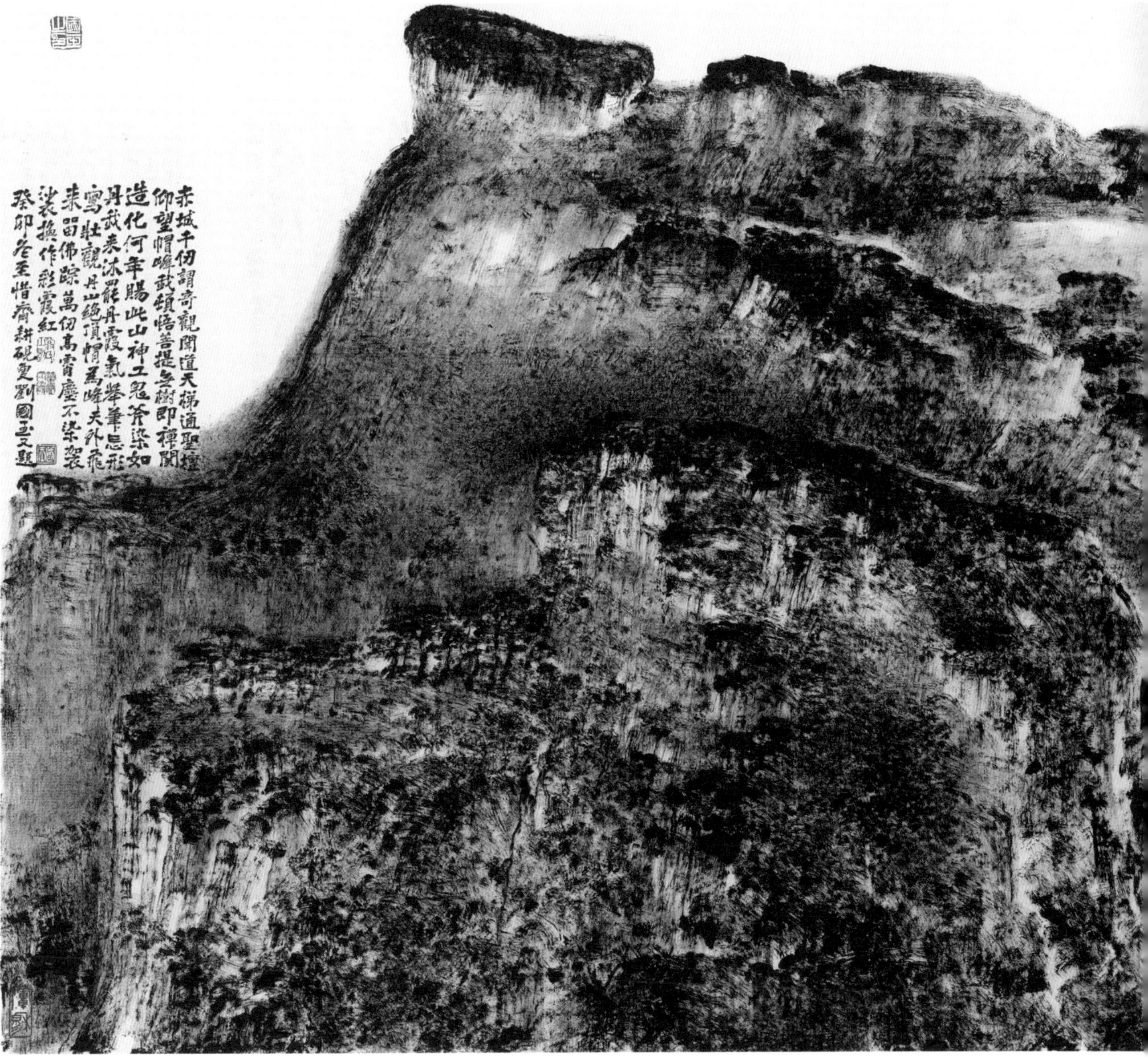
赤城千仞謂奇觀聞道天梯通聖壇
仰望帽峰哉頓悟菩提無樹即禪關
造化何年賜此山神工鬼斧染如
丹哉來沐罷丹霞氣攀筆忌形
寫壯觀丹山絕頂帽為峰夫外飛
來留佛蹤萬仞高霄塵不染袈
裟換作彩霞紅
癸卯冬至惜齋耕硯叟劉國玉又題

劉國玉 《丹霞風骨圖》 國畫

一聲蛙唱動星雲。」謂坐享井觀之趣耳。子獨不知乎？埳井之蛙謂東海之鱉曰：且夫擅一壑之水，而跨跱埳井之樂，此亦至矣。（《莊子·秋水》）。

余七歲入私塾，受業於落第秀才胡兆騏老先生，而余外高曾祖父乃連代秀才，忝書香餘脈，課背四書。子曰：「君子食無求飽，居無求安，敏於事而慎於言，就有道而正焉，可謂好學也已。」一生以此為座右銘，隨遇而安，知足知不足。撰聯以自明好惡：「無怨無尤無利索名韁素心即道；有詩有畫有書香劍氣秀色可餐。」

面對紛繁世界而自甘寂寞，寄情翰墨、耽於書畫、低吟淺唱，研磨焦墨山水三十度春秋，心無旁顧，人問其為價幾何，笑而不答，莊子曰：「筌者所以在魚，得魚而忘筌。」作詩以寄懷：「未肯隨流逐市潮，深山琢玉費推敲。陽春白雪輕輕唱，不敢人前調太高。」

曾不自意，被推選為韶關市人大代表，連任十年，嘗於市長選舉會場賦詩紀盛：「人民代表掌聲隆，選舉完成告大功。座上高官何

所想，心中誰是主人翁？」

更不自意，以一個無黨派人士被有司委以文化局副局長之職，撰聯自嘲曰：「不及芝麻官八品；多餘筆墨漫三江。」

焦墨之為藝也，人謂「蜀道」，其難矣乎，予立以信條：知其白，守其黑，為天下式。為天下式，常德不忒，復歸於無極。（《老子》第二十八章），明其道不計其功，刻閒章銘志：「一意孤行」。老子曰：「樸素，而天下莫能與之爭美。」是以樂乎斯道焉。

翁山聳拔雲端、晨風雨霽、月明星稀之時，予常倚南窗以寄傲，時翹首而遐觀，宗少文謂「聖人含道暎物，賢者澄懷味象」，則凡物皆有可觀，果翁山其不陋，宜乎詩，宜乎畫，因立翁山詩書畫院，聚興觀群怨之士，癡文嗜墨之徒，踐志於道，據於德、依仁遊藝之聖教焉。歷十度春秋，方欲慶典，將何題以命之？劉勰有言：「文之思也，其神遠矣。故寂然凝慮，思接千載；悄焉動容，視通萬里。」言下頓悟，輒題之曰「十年磨一劍」，撰慶典聯曰：「磨劍十年思

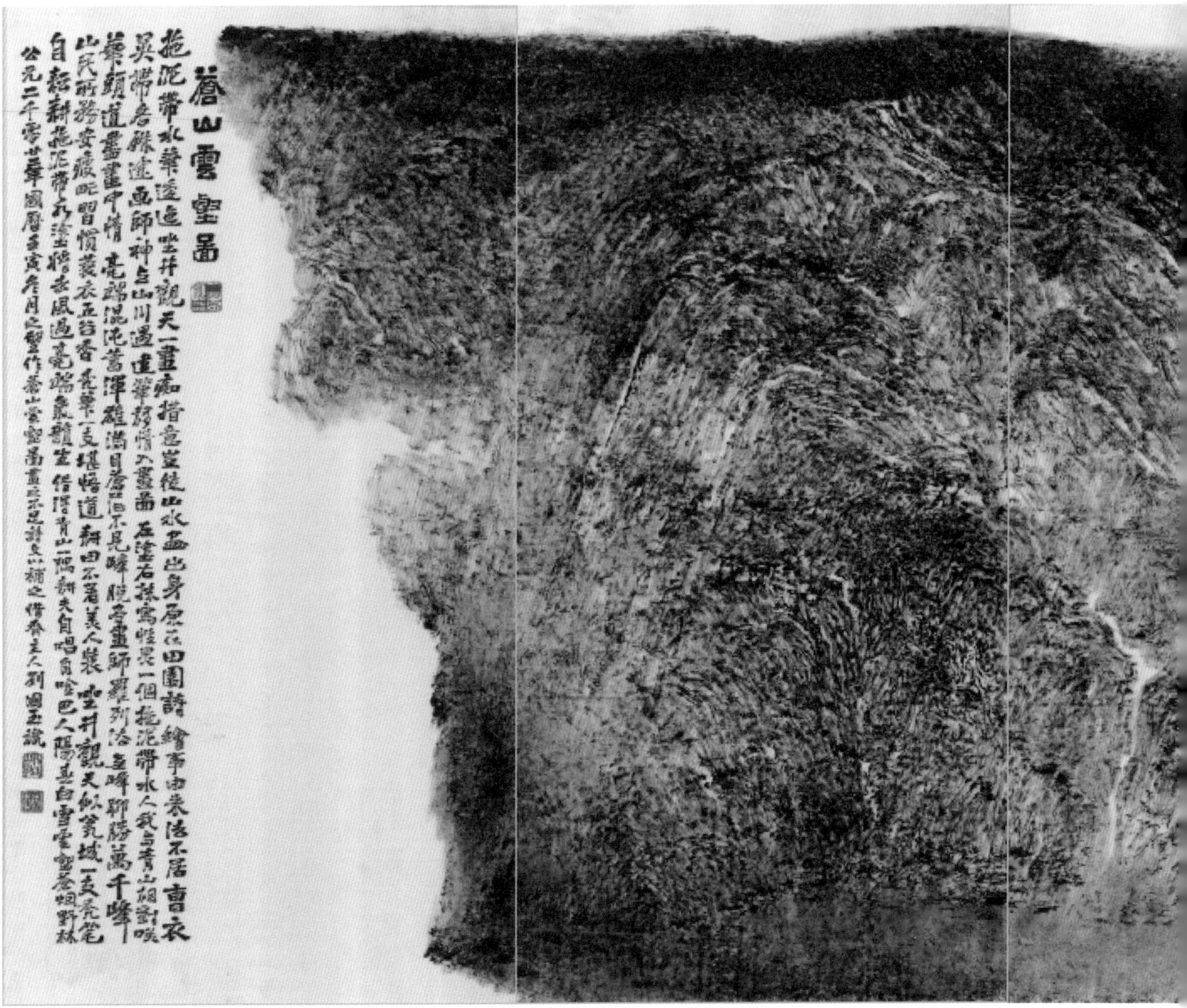


劉國玉　《蒼山雲壑圖》

接千秋道脈；立錐一隅情滿萬里江山。」

安貧樂道，一介山民，長此以往，食無求飽，居無求安，處之泰然，散文家易征為余在穗拙展序曰：「劉國玉長期生活在雲霧繚繞的粵北山區，日夕與山林對話，他身無長物，只有一支畫筆、滿目青山是屬於他的。」予也自以為然，自吟自唱：「身無長物也從容，滿目青山作富翁。信手寫來圖畫裏，取之不盡哪愁窮。」不想果應「九層之臺起於壘土」，終成一座藝術高臺，近一萬平米，是為翁山詩書畫院，非營利公益文化機構，而生活依然低調，唱著陽春白雪說：「有詩有畫，有書香劍氣、秀色可餐。」昔日的老師，以郭紹綱老院長為首的廣州美院老教授們嘗數次來翁山顧曲垂教，不勝感慨；「一介井蛙，曷期慷慨若是！」蓋因師尊門下尚有許多「城龜」、「海龜」，名位俱盛，物阜財豐，誠不若是。

某日，與廣州及海外同學聚會，譽言繞耳，余性喜諧謔，戲題一絕：「慘淡經營不足誇，安貧樂道井中蛙。久違東海龐然鱉，相見無非胖了些。」如此而已。

劉國玉　《賒酒換鵝聯》

井蛙向不屑崇洋媚外、裝腔作勢的海龜，不屑在地球上瀟灑走一回的浮華名利之徒，膜拜雖然未能改變魯國卻改變了世界的聖人孔子，蓋因此位主張「有教無類」的民辦教師在地球上走出了深且巨大的腳印，任憑千萬年之惡泥濁水莫能掩蓋，吾輩得無敬畏乎？孫叔武叔毀仲尼，子貢曰：「無以為也，仲尼不可毀也，他人之賢者，丘陵也，猶可踰也；仲尼，日月也，無得而踰焉。人雖欲自絕，其何傷於日月乎？多見其不知量也！」（《論語．子張》）故「孔子厄於陳蔡之間而弦歌之聲不絕」。豈以中華大國之民，坐擁五千年文明而無文化自信乎。

清初畫僧髡殘跋畫語云：「佛不是閒漢，乃至菩薩、聖帝明王、老莊、孔子也不是閒漢，世上只因閒漢太多，以至家不治、國不治，叢林不治。易曰：天行健，君子以自強不息。蓋因這是個有用底東西，把來齷齷齪齪自送滅了，豈不自暴棄哉？」

謹受教矣，「立錐莫笑無餘地，萬里江山筆下生。」（唐寅句）勤耕苦讀，有所為，有所不為，知其足，知其所不足，是吾人生觀。

**作者簡介**

劉國玉，中國畫家。

# 「南來作家」概述

文／慕津鋒

歷經數次遷徙，「南來作家」因其具有多元文化背景、敏銳的社會觀察和創新精神等特點，為香港文學的發展注入了全新的活力和多樣性，他們為香港文學所做出的重要貢獻不可磨滅。

二十世紀三十年代至七十年代，中國現當代文學史上出現了四批南下香港的作家，他們在香港這片土地撒下新文學的種子，注入新的養分，成為中國文學一支重要力量，文學史稱之為「南來作家」。

## 一、產生「南來作家」的歷史背景

「南來作家」源於抗日戰爭的爆發。「九一八事變」後，作家陸續遷往香港，其中許地山是較早的一位並創作第一部童話作品《螢燈》。「七七事變」及「八一三淞滬會戰」後，大批從上海、武漢等地撤出來的作家不斷南下香港，有蔡元培、郭沫若、巴金、茅盾、夏衍、蕭紅、郁達夫、戴望舒、司馬文森、葉君健、施蟄存、徐遲、歐陽山、馮亦代、蕭乾、葉淺予、林語堂、薩空了、陽翰笙、楊剛等。抵港後隨即掀起一波文化高潮，為凝聚力量、宣傳抗日，努力在香港建立起「中國的新文化中心」。

第二次「南來作家」的出現是抗戰結束後，為躲避戰火及國民黨反動勢力的迫害而再次前往香港，其中包括郭沫若、茅盾、葉聖陶、鄭振鐸、夏衍、邵荃麟、喬冠華、臧克家、吳祖光、司馬文森、袁水拍、黃谷柳、周而復等一大批進步作家。他們積極創辦報刊、興辦學校、創建進步文學組織，為反對內戰、建設新中國做出重要貢獻。

第三次「南來作家」則主要集中於一九四九年新中國成立前後至五十年

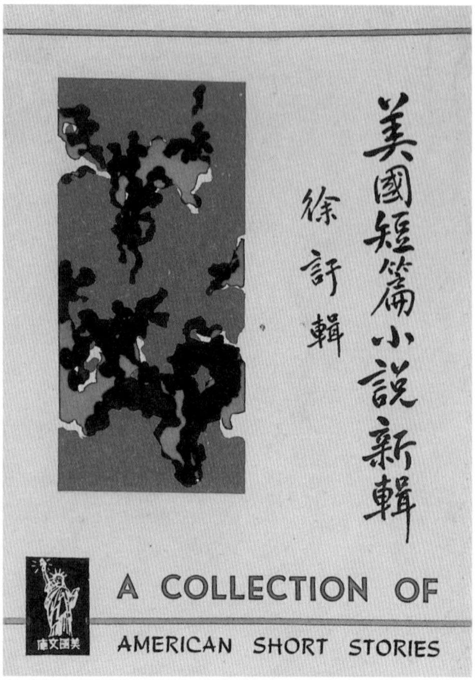
美國短篇小說新輯
徐訏輯
A COLLECTION OF
AMERICAN SHORT STORIES
美國文庫

徐訏書影（香港文學館藏書）
《美國短篇小說新輯》
1964年11月由（香港）今日世界社初版

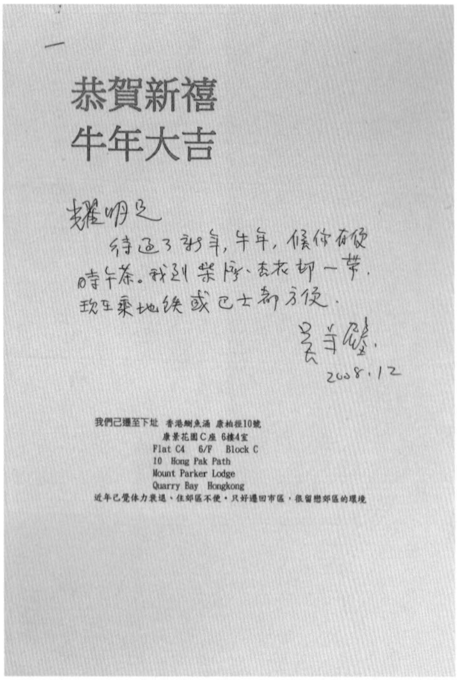
恭賀新禧
牛年大吉
耀明兄
吳羊璧
2008.12
我們已遷至下址 香港鰂魚涌 康柏徑10號
康景花園C座 6樓4室
Flat C4 6/F Block C
10 Hong Pak Path
Mount Parker Lodge
Quarry Bay Hongkong
近年已覺體力衰退，住郊區不便，只好遷回市區，很留戀郊區的環境

吳羊璧手跡（潘耀明供圖）

代。出於各種原因，一批作家離開大陸前往香港，如徐訏、劉以鬯、李輝英、張愛玲、曹聚仁、金庸、梁羽生、倪匡等。他們的到來為香港當代文學帶來了新的內涵。

第四次「南來作家」主要指二十世紀七十年代初到八十年代末遷港的作家，包括陶然、東瑞、巴桐、王璞、顏純鈎、楊明顯等。他們的遷入，讓香港日益成為大陸與港澳台及海外聯繫的紐帶與橋梁。

## 二、「南來作家」的文學影響

「南來作家」在香港現當代文學史中的地位舉足輕重。一九三五年，作為「五四新文化運動」的先行者，許地山為香港帶來了新文化的春風。抗戰時期、解放戰爭時期，南下的作家們在香港積極從事小說、散文、詩歌、評論等創作，宣揚民族獨立與革命精神，為香港文學注入了新的藝術養料和民族思想，也為香港當地培養了年輕的愛國文學生力軍，影響深遠。

### 1 香港文學組織的成立

為了更好地團結文藝工作者，香港文藝界成立了一大批文藝組織。一九三九年三月廿六日，「中華全國文藝界協會香港分會」成立；一九三九年九月十七日，「中國文化協進會」成立，在「抗戰文藝統一戰線」的口號下，這兩個團體為抗戰做出了重要貢獻。此外還有「中國青年新聞記者學會香港分會」、「文協香港分會文藝通訊部」、「旅港劇人協會」和「文藝通訊社」等。六、七十年代隨着香港經濟騰飛，香港逐漸成立一批具有全港性的文學組織，如香港作家聯會、香港作家協會、香港文學藝術工作者聯盟等。這些組織積極推進香港作家同海內外的文化交流。

### 2 香港文學報刊的新階段

抗戰時期，「南來作家」將內地報紙帶至香港繼續刊發，包括《申報》、

《立報》、《大公報》、《中華時報》和《國民日報》等數十份報紙，其中《大公報》副刊「文藝」由蕭乾、楊剛等先後主編，《立報》副刊「言林」和「小茶館」則由茅盾、薩空了、戴望舒等人主編。同時，「南來作家」還推動香港本地報紙文學副刊的創辦，《華商報》、《成報》、《珠江日報》、《工商日報》、《華僑日報》、《星島日報》、《星島晚報》、《星島周報》、《大眾日報》、《循環日報》、《華字日報》和《光明報》等紛紛開設文藝副刊，如由夏衍、陸浮主編的《華商報》副刊「燈塔」在宣揚革命，引領文藝新思潮發揮了重要作用。此外，香港的文學刊物因為「南來作家」有了長足發展。三四十年代，《文藝陣地》、《筆談》、《文藝青年》和《青年知識》等幾十餘種文學期刊陸續在香港創辦，其中《文藝陣地》是香港文學史上第一本旗幟鮮明地宣揚抗戰文化的刊物，發表了張天翼《華威先生》和姚雪垠《差半車麥秸》兩篇影響極大的名作。南來作家與本地作家靠這些文學陣地，創作出一大批反映中國人民積極抗戰、熱愛和平、追求民族獨立與民主的文學作品。

### 3 名家與名作：香港文學的重要收穫

在三四十年代戰時語境下，諸多著名作家，如許地山、茅盾、蕭紅、端木蕻良、蕭乾、夏衍、戴望舒、袁水拍、陳殘雲、杜重、樓適夷、秦牧、馬國亮、黃谷柳、司馬文等，陸續在香港相對平靜環境中創作出代表作。如許地山的《玉官》（1939）、茅盾的《腐蝕》（1941）、蕭紅的《馬伯樂》（1941）與《呼蘭河傳》、端木蕻良的《人與土地》（1941）、駱賓基的《蕭紅小傳》（1946），夏衍的《春寒》（1941）。戴望舒的《元旦祝福》（1939）和《獄中題壁》（1942）、葉靈鳳的《能不憶江南》、黃慶雲的《中國小主人》、郭沫若的《洪波曲》（1948）以及秦牧的雜文，尤其是黃谷柳在抗戰勝利後在《華商報》連載的長篇小說《蝦球傳》更是名譟一時。

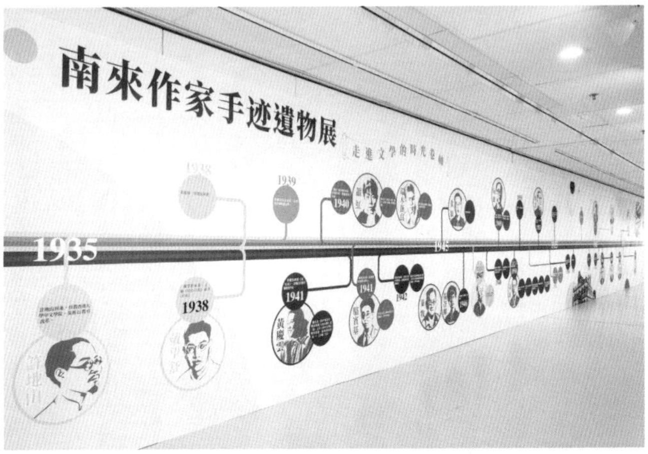

「南來作家手跡遺物」展（香港文學館供圖）

黃慶雲肖像（周蜜蜜供圖）

五十年代，張愛玲抵達香港後，先後創作兩部小說《秧歌》和《赤地之戀》，並翻譯了《老人與海》、《愛默森選集》、《無頭騎士》和《小鹿》等作品。曹聚仁在《星島日報》專欄「南來篇」講述中國社會的急劇變化，其後，他在魯迅研究、中國現代文學研究與批評等方面卓有成就，其著作有《魯迅評傳》、《魯迅年譜》、《我與我的世界》、《文壇五十年》和《聽濤室隨筆》。另有一九四九年初開始定居香港的司馬長風，在五十年代中期開始了文學史寫作，著有《中國新文學史》。

## 三、「南來作家」對香港本土作家的培養

「南來作家」十分注重對香港本土年青作家的培養。一九三九年八月，文協香港分會成立「文藝通訊部」，其目的就是要造就一支投身抗日救亡運動的香港本土作家，它十分注意培養香港文藝青年的思想素質和藝術水平。為此，「文藝通訊部」創辦《文藝青年》雜誌，還在《中國晚報》和《循環日報》開闢出副刊「文藝通訊」和「新園地」，發表香港進步文學青年的作品。作家楊剛、袁水拍、黃繩、馮亦代等人常與香港青年作家舉行座談，與他們一起分析作品，談文學創作，指導他們的文學寫作。這些對於啟發文藝青年的文學創作，激發他們的創作熱情起到很好的引領作用。那一時期，香港湧現出侶倫、李育中、馮鑛昆、黃德華、沈邁、原野、岑卓雲、黃天石、林螢窗、楊奇、麥烽、彭耀芬等本土青年作家。一九四六年起，「南來作家」先後在香港創辦達德學院、南方書院培養愛國青年作家，常邀請著名進步作家為文學青年們講解文學創作的方法與技巧，香港本地青年作家沈野、丁清、李男力、陶冶、魯丙、琳清、浮生、廖源、葉楓、汪寒、戈陽等逐漸嶄露頭角。五十年代，隨着「南來作家」創辦諸多文學刊物，香港文壇活躍，陸續出現了一批作家，如舒巷城、夏易、南宮博、海辛、張君默、譚秀牧、王無邪、昆南、葉維廉等人。

## 四、促進香港本地獨特的文學創作

抗戰時期、解放戰爭時期，香港本土作家努力創作，逐漸找尋自己的定位。一九四七年，香港本地作家侶倫開始創作其代表作小說《窮巷》，反映了戰後人民渴望和平並邁向新生活的堅信與希冀，這是四五十年代香港文學的拓荒性作品和奠基之作。

二十世紀五六十年代，香港文學經過十多年的發展，開始逐漸形成自己較為獨特的文學風格與豐富的類型文學。五十年代中期，香港通俗小說逐漸繁榮，其作者大多是從內地前往香港的作家。以梁羽生、金庸為代表的香港新派武俠小說，以倪匡、張君默為代表的科幻小說，以阮郎、高旅、金東方為代表的歷史小說，以亦舒、李碧華為代表的言情小說成為香港當代文學的重要組成部分。這些作家非常注重將中國傳統的文化、歷史、社會思想注入自己的作品之中。其中，梁羽生、金庸開創的新派武俠小說為香港文壇留下濃墨重彩的一筆。梁羽生被稱為中國「新武俠小說」的開山鼻祖，他的《龍虎鬥京華》、《七劍下天山》、《草莽龍蛇傳》和金庸《書劍恩仇錄》、《射雕英雄傳》相繼問世，在香港文學史上，逐漸形成一個以梁羽生、金庸為代表的虛構歷史武俠故事為內容的「新武俠小

說流派」。該流派以梁羽生為開端，金庸為高潮。該流派摒棄了舊派武俠小說一味復仇與嗜殺的傾向，將「俠行」建立在正義、尊嚴、愛民的基礎上，提出「以俠勝武」的理念。香港武俠小說及其改編影視劇為讀者所鍾愛，影響不斷擴大，迅速輻射至世界各地。五十年代後期，作家倪匡以小說《呼倫池的微波》登上香港文壇。他早期也曾創作武俠小說《六指琴魔》和《浪子高達》，還代金庸寫過《天龍八部》。一九六二年，倪匡開始以「衛斯理」為筆名，在《明報》撰寫獨具特色的科幻小說《少年衛斯理》、《鑽石花》和《藍血人》等，為香港科幻小說的創作進行了有益的探索。

除了通俗文學，以徐訏、徐速、李輝英、劉以鬯為代表的作家依舊堅持嚴肅文學的創作。一九五〇年，徐訏移居香港。其後，他在小說、詩詞、散文、劇本、文學評論等方面均有建樹，其創作更追求人物內在的感受和體驗。他的《江湖行》洋洋灑灑六十餘萬字，不僅代表了他後期創作的成就，也是他傾其畢生經驗、感受和信念寫成的，寄託了他的最大心力。一九五〇年秋，李輝英自長春移居香港。此後，他學習世界三大短篇小說作家歐·亨利、契訶夫和莫泊桑，特別是對歐·亨利極具偏愛。他以香港為背景進行短篇小說的創作，他將自己的視野聚焦於香港社會的各個側影。一九五三年，徐速創作了小說《星星·月亮·太陽》，在香港文壇影響極大。劉以鬯的《酒徒》是一部極具代表性的香港小說。小說以主人公「我」的意識作為基本題材，以「我」的醉與醒、醒與醉，從現實到夢幻，再從夢幻到現實的一種循環形式進行。小說從裏到外展示了「我」對社會、對人類、對人生，甚至是對自己的絕望，他雖不滿一切，但無力抗爭，只能以醉酒逃避和麻醉自己對真相的瞭解，對現實世界的意識，但醉後總有醒時，要完全做到這一點，就只有死亡。《酒徒》發表後被譽為「中國首部意識流長篇小說」，劉以鬯也因此成為最能代表香港的當地小說家。

阮郎與高旅在這一時期先後創作出各自的重要代表作。阮郎的歷史小說《金陵春夢》以及續篇《草山殘夢》在當時影響很大。高旅於一九五〇年應邀來港，隨後創作了眾多歷史小說，其中代表作有《杜秋娘》、《金屑酒》和《玉葉冠》等，其作品大氣、舒展，極具歷史的厚重。詩人何達師從朱自清、聞一多，一九四九年抵達香港後進行詩歌創作，自覺地將筆觸聚焦於香港社會的現實之中，歌頌「人性的美麗」與「人性的堅強」，先後創作了《在火光中》和《握手》等著名詩作。

這一時期，女作家夏易在《新晚報》連載了自己的長篇小說《香港小姐日記》。該作品在香港發表後，引起熱烈反響。夏易於一九四三年考入西南聯大社會學系，曾選修朱自清課程。其後，她又相繼創作出《懸崖上的愛情》、《日記裏的秘密》、《戀愛·二十一題》和《變》等小說。她的小說多關注於香港社會中女性的現實生活及心態。

六十年代被稱為「工人作家」的金依，陸續推出描寫香港下層勞動人民生活與鬥爭的小說。代表作有《迎風曲》、《還我青春》和《大路上》等，他的小說始終謳歌工人的堅韌、團結、勤勞，在描繪香港工人生活、塑造工人形象方面做出了重要貢獻。吳羊璧與金依是好友，他也將自己的目光主要聚焦於香港下層人們的生活。他的短篇小說頗具特色，其代表作《巴士上的一個半小時》，以堵車為切入點，通過巴士車廂講述了香港充滿競爭的社會眾像。

五六十年代香港著名報人羅孚在其晚年撰寫了眾多帶有回憶性質的散文，他在文中記述了他所經歷的這個時代和那些不平凡的人和事。他特殊的人生經歷讓他從香港左派文化陣營中的一支「健筆」變成了一支「生花之筆」，其散文頗具

香港文學

悼念羅孚先生特輯

# 羅孚餘波

沈西城

沈西城，上海人，留學日本，擅寫推理、科幻小說。現為香港《武俠世界》主編。

五月初羅孚先生去世後不久，上海來了幾位文化界朋友，其中一位周老先生，跟我是同鄉，個子很高，一臉官氣，問朋友知道他過去在出版社當領導，說話難免帶官腔。他聽我講上海話，說「不標準」，語帶棱角，毫不客氣。我回他說「小弟四歲來港，幾十年還能用上海話溝通，也算不錯了吧！」言下之意閣下來香港一久，怕上海話跟廣東話都兩不搭架，氣氛一下僵住。接住他又回說「拜讀過你寫羅孚的文章，說到金庸、梁羽生寫武俠小說的初議，並不是羅先生，這是文壇大事，你可有甚麼真憑實據？」咄咄逼人，碰巧我是一個外柔內剛的人，從不吃官腔，也就理直氣壯的回答：「當然有，這些事哪好亂寫，不然便是誣衊，對不住人。」我在寫那篇「羅孚先生」時，想到許久前曾有新聞界朋友說過「請金、梁二人寫武俠小說的是另有其人，那便是金堯如先生！」半信半疑，握管時，浮現起這個回憶，想到金先生的女兒金虹女士是素識，何不問她？電話一通打過去，已聽到金虹那爽朗急速的說聲：「對對對！是我爸爸想起的！」

原來那時金堯如先生是「新華社」要員，掌管香港左派報紙，羅孚是他的下屬，定期會議上，適巧遇到吳公儀跟陳克夫比武，轟動香港，金老靈機一觸就向羅孚提議找《新晚報》編輯部能文之士寫武俠小說，羅孚先找了梁羽生，寫成《龍虎鬥京華》，一炮火紅，又想到梁羽生的老同事金庸，這就造就了新派武俠小說兩大宗師，這話是金虹親口述說，當然不假，我秉筆直言，只是為了存真，並無絲毫對羅孚先生不敬。那位老先生好像懷疑我在作假，非得要我即場拿證據出來，當下便致電金虹，電話長響，嘟——嘟——長鳴，我知道她不在香港，只好掛線。這時檯上諸友已把話題岔開，淡和了尷尬氣氛，那周老先生臉上的神色仍有不屑。後來有人告訴我，周老先生跟羅孚先生是好朋友，大抵以為我故意貶低羅老先生，大為不敬，叫我不要跟他計較。

其實我一向隨和，不與人爭，只是覺得寫念人紀事的文章，不宜虛飾，得盡力道其真，說主意出自金老，羅老執行，並沒矮化羅老開拓新派武俠小說的功績，說真的，金老說了，羅老不執行，又哪有金梁兩大師！羅老功績大得很呢！

羅老愛提攜後進，董橋就因他用柳蘇筆名寫的一篇叫人得看董橋的文章，一下子成了神州著名散文家，由於走勢疾勁，引來反議，有人撰文說「不一定看董橋」。董橋文章自成一派，喜者讚不絕口，惡者嫌其修飾過度，各有各說法，散文家如此極端地被評論，也是文壇異數。羅老一早看中董文的特色，也就證明他的眼光是如何的與眾不同，不僅此，他為香港淪陷時落水的葉靈風辯誣，義薄雲天，亦非常人所能為。耄耋高齡，還在報上發佈文章，老人勤奮不息，我是深深佩服的。

羅孚曾在《大公報》及《新晚報》任職，既為追思場刊內羅孚年輕時在報館工作的照片（羅孚追思場刊）

92

羅孚年輕時在報館工作（來源：〈羅孚餘波〉，《香港文學》2014年8月號總第356期月刊，第92頁）

「惜墨如金金似水」之感。七十年代之後，香港又迎來了以陶然、東瑞、曾敏之等為代表的「南來作家」。小說《一樣的天空》是陶然的重要作品，作者把人物置身於香港商場背景，細膩地描繪人物心理，對人物的多重性格下了很多筆力；揭示社會對人的生存信仰、價值觀念的衝擊，對親情、友情、愛情的磨損。該作品突破了傳統小說的格局，採取獨白和回憶的架構方式。曾敏之一九七八年到香港工作後，亦喜愛散文寫作。他在香港先後創作出《望雲集》、《文史品味錄》和《聽濤集》等散文集，他的散文風格「字夾風霜，聲成金石」。

## 結語

歷經數次遷徙，「南來作家」因其具有多元文化背景、敏銳的社會觀察和創新精神等特點，為香港文學的發展注入了全新的活力和多樣性，他們為香港文學所做出的重要貢獻不可磨滅。當歷史的車輪走入新的時代，我們期待着新一代的香港作家能夠繼續傳承和創新「南來作家」的文學傳統，為香港文學的未來發展做出更大的業績。

**作者簡介**

慕津鋒，中國現代文學館徵集編目部主任，研究館員。長期負責與全國及海內外華文作家聯繫，徵集中國現當代作家手稿、書信、字畫等文物文獻資料，並從事有關作家手稿、書信等文物文獻資料的檔案研究。已出版個人著作《大師的腳註——中國現代文學館檔案研究叢書》、《難以忘記的文學名家》和《雪泥鴻爪——中國現代文學館館藏檔案研究》等，編輯出版《笑傲人生——馬識途百歲感悟》和《時代記憶文叢——茅盾中短篇小說選》等，策劃編輯《現代作家研究》（2011卷—2018卷）、《中國現代文學館館藏文物文獻研究》（2019卷、2020—2021卷）。

# 近年中國大陸香港文學研究綜述（2020—2023）

文／莊園

本文通過考察與比對中國知網二〇二〇—二〇二三這幾年間的一百多篇論文，總結近年中國大陸學者與出版界對香港文學研究的動向與關注重點。

## 二〇二〇——碩士學位論文過半

二〇二〇年，中國知網收入香港文學研究的論文有22篇，其中學位論文13篇（博士論文1篇，碩士論文12篇），期刊和輯刊論文9篇。

這22篇論文近一半是研究香港作家。這10篇論文中，研究李碧華有4篇——華中師範大學王毓的碩士學位論文〈李碧華小說中的民間書寫〉（2020年5月）；山東大學王黎黎的碩士學位論文〈大眾文化視域下李碧華小說價值新探〉（2020年5月）；南寧師範大學李土麗的碩士學位論文〈論二十世紀八九十年代小說中的「鬼魅敘事」——以韓少功、蘇童、莫言、李碧華的作品為例〉（2020年6月）；孫海燕、羅興萍〈論香港文學的後殖民文化特徵——以李碧華「吃」系列小說為考察對象〉（《常州工學院學報（社科版）》2020年第5期）。研究劉以鬯1篇——西南民族大學吳幸臨的碩士學位論文〈劉以鬯小說的現代性研究〉（2020年3月）。研究也斯1篇——南京大學邵珺的碩士學位論文〈論也斯小說的「文化感性」建構〉（2020年5月）。研究小思1篇——福建師範大學何燕娜的碩士學位論文〈論小思散文的原鄉書寫〉（2020年5月）。研究李輝英1篇——山東大學劉青的碩士學位論文〈李輝英香港時期小說創作研究〉（2020年5月）。研究徐訏1篇——重慶師範大學陳穎的碩士學位論文〈論徐訏小說中的死亡書寫〉（2020年6月）。研究潘耀明1篇——暨南大學胡海洋的碩士學位論文〈潘耀明創作觀與文學批評觀研究〉

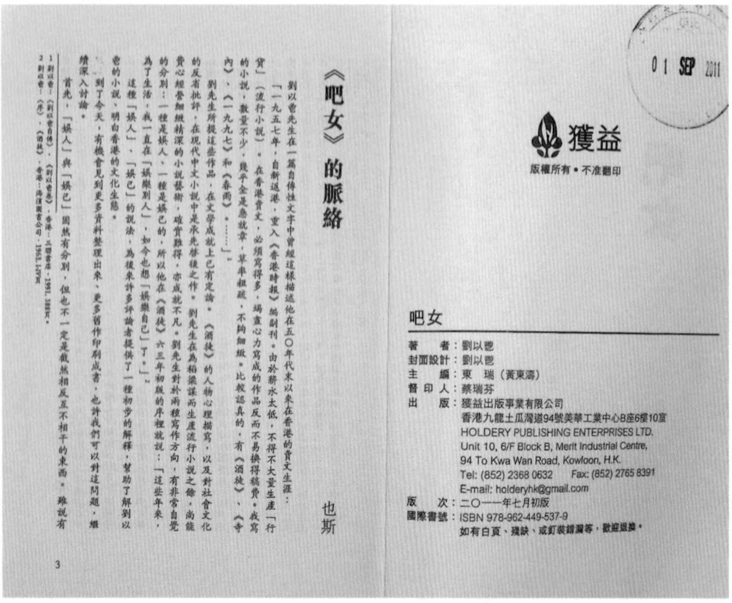
《吧女》的脈絡

也斯

獲益

版權所有．不准翻印

吧女

著　　者：劉以鬯
封面設計：劉以鬯
主　　編：東　瑞（黃東濤）
督 印 人：蔡瑞芬
出　　版：獲益出版事業有限公司
香港九龍土瓜灣道94號美華工業中心B座6樓10室
HOLDERY PUBLISHING ENTERPRISES LTD.
Unit 10, 6/F Block B, Merit Industrial Centre,
94 To Kwa Wan Road, Kowloon, H.K.
Tel: (852) 2368 0632　Fax: (852) 2765 8391
E-mail: holderyhk@gmail.com
版　　次：二〇一一年七月初版
國際書號：ISBN 978-962-449-537-9
如有白頁、殘缺、或釘裝錯漏等，歡迎退換。

也斯評論劉以鬯

東瑞主編劉以鬯的《吧女》，（香港）獲益出版事業有限公司2011年7月初版

李碧華書影（香港文學館藏書）

《胭脂扣》1985年1月由（香港）天地圖書有限公司初版

（2020年7月）。

香港文學史研究兩篇。劉登翰、曹惠民〈香港：回歸前的文學史梳理——關於香港文學的對談〉（《世界華文文學論壇》2020年第1期）；古遠清〈用「學案」形式書寫百年新詩史——《「百年新詩學案」台港澳卷》總論〉（輯刊《中國現代文學論叢》2020年第6期）。

香港文學總體研究5篇。浙江大學黃金的博士學位論文〈邊緣．異化．跨界——消費文化語境下的香港現代主義小說研究〉（2020年4月）；西南大學謝香子的碩士學位論文〈從「上海經驗」到「香港影響」——1949年前後赴港上海作家的小說創作研究〉；山東大學許麗萍的碩士學位論文〈香港現代主義文學的「困惑」（1955—1970）〉（2020年5月）；陳國球〈「文學大系」的傳承與文學記憶的韻律——《香港文學大系一九五〇～一九六九》總序〉（《當代文壇》2020年第6期）；徐詩穎〈試析「香港書寫」中的「人與城」現象——以1980年代以來的香港小說為中心〉（輯刊《中國現代文學論叢》2020年第6期）。

對研究學者的訪談與評介3篇——評古遠清的兩篇，評黃萬華的1篇。黃維樑〈古老：文名遠播，兩袖清風——記一位修史健力士〉（《名作欣賞》2020年第5期）；曹竹青〈文化自信與當代文論史研究——古遠清教授訪談錄〉（《文藝論壇》2020年第5期）；張國功、高天義〈戰後文學轉型研究的重要收穫——評黃萬華《跨越1949：戰後中國大陸、台灣、香港文學轉型研究》〉（《華文文學》2020年第4期）。

研究香港報刊1篇。中國藝術研究院劉婉瑤的碩士學位論文〈香港影評期刊流變及影響（1952—1982）〉。

對香港文學的即時觀察1篇。徐詩穎、肖小娟、何春桃

〈2018年香港文學研究概況〉（《蘇州教育學院學報》2020年第4期）。

## 二〇二一——也重香港作家研究

二〇二一年，中國知網收入香港文學研究的論文有18篇。其中學位論文6篇，期刊及輯刊論文12篇。

香港作家研究一直是香港文學研究的重頭戲，二〇二一年的香港作家研究有8篇，其中研究董啟章的碩士學位論文有兩篇——華僑大學張嘉茵的〈董啟章學院化寫作研究〉（2021年5月）與吉林大學孫藝維的〈論董啟章小說中的「物質書寫」〉（2021年6月）。研究也斯、金庸、黃碧雲、黃國彬、金耀基、林曼叔等各一篇。篇目如下：〈香港文化書寫：從「混雜性」走向「認同性」——以也斯小說創作為例〉（《深圳信息職業技術學院學報》2021年第2期）、山東師範大學楊潔的碩士學位論文〈現代都市「閒逛者」的東方構型——劉以鬯寫作風格研究〉（2021年6月）、浙江大學黃曉燕的博士學位論文〈金庸小說經典化研究〉（2021年6月）、潘樂顏〈從黃碧雲的〈烈佬傳〉中看邊緣的意義〉（《新紀實》2021年第6期）、黃維樑〈香港文學評論二題〉中包含兩篇文章——其一是〈壯麗「我城」：西西與黃國彬的鄉土色彩〉，其二是〈知音的摯情——讀〈人間有知音：金耀基師友書信集〉〉（輯刊《華文文學評論》2021年）；寒山碧〈相識半世紀，絕交三十年——記與林曼叔兄的交往〉（輯刊《華文文學評論》2021年）。

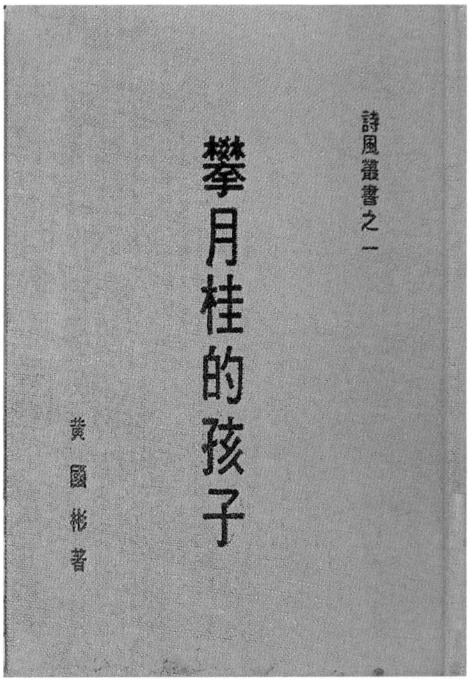


黃國彬書影（香港文學館藏書）
《攀月桂的孩子》1975年6月由（台北）林白出版社初版

總體研究5篇：西南大學張望的博士學位論文〈殖民與抵抗：香港的文化空間與文學創作（1937—1949）〉（2021年4月）；閻海田〈「一體化」裂隙與香港文學「入史」——20世紀五六十年代香港-內地文學關係考古〉（《中國當代文學研究》2021年第4期）；何嘉欣〈香港都市文學發生的路徑——作為嶺南都市文學的觀照〉（《粵海風》2021年第4期）；黃萬華〈「前存在」：粵港澳大灣區文學背景下的香港澳門文學〉（《粵港澳大灣區文學評論》2021年第5期）、〈高樓與商場：可洛、陳志華、韓麗珠的超密度城市空間書寫〉（輯刊《人文中國學報》2021年第1期）

研究香港報刊3篇。浙江大學舒芯的碩士學位論文〈《中國學生周報》與20世紀五六十年代香港文學的關係研究〉（2021年6月）；袁勇麟、翁麗嘉〈返回歷史現場與重寫文學史：「《報刊香港》與華文文學研究」學術座談會綜述〉（《華文文學》2021年第5期）；王艷芳〈1960年代香港「文學場」中的「華文文藝」想象與建構——以《華僑文藝》為中心〉（《華文文學》2021年第5期）。

對研究學者黃萬華新書的評介1篇。汪文頂〈跨時代、跨區域的文學史——評《跨越1949：戰後中國大陸、台灣、香港文學轉型研究》〉（《山東社會科學》2021年第1期）。

對香港文學的即時觀察1篇。凌逾、陸嬋映〈2019年香港文學研究綜述〉（《蘇州教育學院學報》2021年第4期）。

## 二〇二二——回歸25週年的多元視角

二〇二二年是香港回歸25週年，中國知網收入的研究香港的論文有23篇。其中碩士學位論文1篇，期刊輯刊論文22篇。

香港作家研究6篇，研究周潔茹2篇——曾繁裕〈周潔茹的新港式書寫——以〈香港公園〉〈九龍公園〉為例〉（《世界華文文學論壇》2022年第1期）、馬峰〈周潔茹的辦刊理念與編輯風格分析〉（《世界華文文學論壇》2022年第1期）。研究南來作家1篇——〈記憶、都市與文學傳統——論香港南來作家徐訏、劉以鬯的文化鄉愁〉（《華文文學》2022年第1期）；研究黃維樑1篇——吳敬玲〈黃維樑：香港文學、「余學」、「新龍學」研究的奠基者〉（《華文文學研究》2022年）。研究唐睿1篇——顏敏〈平衡與超越詩學的實踐——〈腳注〉的多重空間與香港文學新的可能〉（《華文文學》2022年第4期）。研究黃天石1篇——劉韻柔〈「的中敝國現實」：〈改造太太〉與1950年代香港文學外譯〉（《華文文學》2022年第4期）。

對香港文學的總體研究3篇：郝書翠、姜逸〈香港文學：變遷與篤定——從文學對公民國家意識與身份認同構建作用的視角看〉（《港澳研究》2022年第1期）、徐詩穎〈「香港書寫」與傳統再造——以20世紀80年代以來的香港小說為例〉（《華文文學》2022年第1期）、毛西子〈香港文學中城市的「詩性記憶」探究〉（《新紀實》2022年第16期）。

對香港文學的即時觀察兩篇：凌逾、張紫嫣、謝慧玲〈2020香港文學研究綜述〉（《粵港澳大灣區文學評論》2022年第1期）、凌逾、駱江瑜的〈向陽而生煥新機，紫荊花開映香江——2021年香港文學掃描〉（《粵海風》2022年第3期）。

對研究學者的研究3篇：其一是評論黃萬華的書評——盧阿濤〈叩問「1949」的文學界碑——評黃萬華《跨越1949：戰後中國大陸、台灣、香港文學轉型研究》〉（《中國圖書評論》2022年第1期）；其二是凌逾研究趙稀方——〈媒介、譯介、域界的融通——趙稀方後殖民理論、翻譯文化與華文文學研究的跨界之道〉（《世界華文文學論壇》2022年第4期）；其三是蔣海濤〈藤井省三華語圈文學研究片論——以香港文學史觀為中心〉（《國際中國文學研究叢刊》2022年第2期）。

傳播研究兩篇：馬峰〈魯迅在《香港文學》的傳播型態及其東南亞輻射〉（《世界華文文學論壇》2022年第1期）；山東大學武俊宇的碩士學位論文〈魔幻現實主義在香港的譯介、傳播和接受〉（2022年5月）。

將香港文學研究融入「粵港澳大灣區」概念中的研究2

篇：樂琦、范伊夫〈粵港澳大灣區文學的歷史源流及傳承述評〉（《粵海風》2022年第1期）；何嘉欣〈歌詞文學的可能：粵語歌詞文學的研究視野與基礎論述〉（《廣州大學學報（社會科學版）》2022年第3期）。

鈎沉香港文學中的獨特意象2篇：王文艷〈論香港早期新文學中的海洋書寫〉（《華文文學》2022年第1期）；肖卓錕〈由文字映射的鮮活城市與現實社會——簡析香港文學文本中的香港印象〉（《牡丹》2022年第24期）。

對香港文學社團的研究1篇，趙稀方〈香港的作聯與作協〉（《文藝爭鳴》2022年第3期）。

對香港刊物的研究1篇，王艷麗〈試論戰後香港文學轉型——以20世紀五六十年代香港青年文學刊物為中心〉（《中國比較文學》2022年第4期）。

從語言的角度研究香港文學1篇，〈「言語共同體」的構建——論香港作家的跨語言書寫〉被收入董曉、傅元峰主編的《文學研究》（南京大學出版社2022年4月）。

## 二〇二三——報刊研究為王

二〇二三的論文總共有23篇，其中期刊論文19篇，輯刊論文1篇，年鑒論文1篇，報紙文章2篇。

二〇二三年學者的研究主題，對香港期刊的研究最多，有10篇。這些刊物包括《梨影》、《雙聲》、《開卷》、《世紀》、《詩風》、《海洋文藝》、《八方》、《當代詩壇》、《海燕文學叢刊》、《當代文學》等。中國社科院的趙稀方作為《世界華文文學論壇》和《粵海風》的主持人推薦發表了6篇，他在2019年出版了學術專著《報刊香港》。篇目如下：

顏敏發表了兩篇——〈《梨影》雜誌特性略述——兼及香港文學研究的一些思考〉（《粵海風》2023年第2期），〈另一種「新文學」的陣地——《雙聲》雜誌研究〉（《粵港澳大灣區文學評論》2023年第5期）。陳慶妃〈新時期（1978—1984）香港文藝期刊中的內地與港台文學互動——以《開卷》《海洋文藝》《八方》為考察對象〉（《中國現代文學研究叢刊》2023年第2期）。許婉霓〈概念的選擇：從「龍香」到「大中華詩歌」——以《當代詩壇》為中心〉（《粵海風》2023年第2期）。李青林〈達德學院與香港青年文藝運動〉（《粵海風》2023年第2期）。李永傑〈挖掘香港報章文藝副刊的文學價值〉（《中國社會科學報》2023年6月13日）。洪麗霽〈且聽他們慢慢道來——略論後期《詩雙月刊》上的詩人訪談錄〉（《世界華文文學論壇》2023年第2期）。韋鑫〈九七後香港本土化文學的另一種表達——《字花》研究〉（《世界華文文學論壇》2023年第2期）。張越〈《當代文學》與香港文學的時代場域〉（《世界華文文學論壇》2023年第2期）。洪文豪〈「報刊」視角與香港文學史研究的縱深發展——《報刊香港》與《諦聽雜音》對讀〉（《華文文學》2023年第5期）。

大陸學者對香港作家的研究有4篇，其中兩篇研究劉以鬯，1篇研究西西，1篇研究潘耀明。研究劉以鬯其一是錢虹的〈尋訪懷正文化社原址及「懷正書系」〉（《新文學史料》

2023年第3期），錢虹回憶她八十年代末出席在復旦大學舉辦的「第四屆全國台港暨海外華文文學學術討論會」期間，與陳子善一起帶領香港大學的梁秉鈞（也斯）去劉以鬯的劉家舊居（即二十世紀四十年代懷正文化原址）拍照的往事。其二是吳穎慧的〈現代如何呈現？——劉以鬯《酒徒》中的邊緣困境書寫〉（《長江小說鑒賞》2023年第22期）。研究西西是張敬傑的〈西西與香港文學——以《我城》為例論「頑童體」的語言實驗〉（《名作欣賞》2023年第5期）。研究潘耀明的是韓國的朴宰雨，論文題目為〈不可替代性：潘耀明與韓國文化學術的互動〉（《世界華文文學論壇》2023年第1期）。

西西書影（香港文學館藏書）
《石磬》1982年6月由（香港）素葉出版社初版

對香港文學即時觀察與綜述的論文有兩篇，駱江瑜〈媒觸「我城」，「疫」路開花——2021年香港文學媒介研究〉（《華文文學》2023年第5期）；駱江瑜、凌逾的〈香港文學的多重宇宙——2022年香港文壇概述〉（《惠州學院學報》2023年第5期）。

2023年的論文中，有兩篇研究大陸資深華文文學研究學者劉登翰，其一是曾莉雯的〈劉登翰學術年表〉（《華文文學》2023年第1期）；其二是向憶秋的〈學術史視野中的劉登翰——華文文學研究評述〉（《華文文學》2023年第1期）。

研究香港散文有1篇，趙皙〈跨界現象的「在地」呈現——當代香港散文管窺〉（《世界華文文學論壇》2023年第3期）。

對香港文學的總體研究1篇——趙稀方、張重崗的〈香港文學研究的前生今世〉刊發在《中國文學年鑒2022》，該年鑒於2023年6月出版。

從創意寫作的角度對香港文學研究有1篇——余文翰的〈從文學地景到文學觀光的香港經驗〉刊發在輯刊《中國創意寫作研究》（2023年第1期，2023年12月出版）。

這年知網還收入了一篇報紙的文章，題目是〈以華文為軸心，以文學滋潤世人〉（《文藝報》2023年12月11日），此文報道由香港文學館館長潘耀明召集的「香港文學與世界華文文學的互動與前瞻」國際學術研討會12月8日在香港珠海學院舉行。

作者簡介

莊園，本刊副主編，香港文學館出版部主管兼助理學術總監，文學博士。

# 香港文學館簡介

香港文學館位於灣仔茂蘿街七號三樓，是集香港文學館藏、文學傳播、教育培訓和文藝沙龍為一體的香港文學與藝術新地標。歷經十九年，在三十餘位文學、文化界知名人士的堅持倡議下，在現屆特區政府大力支持下，香港終於在二〇二四年擁有首間屬於自己的城市文學館。館內設有：常設展覽廳、兒童文學室和閱讀室等，結合現代數碼技術，向公眾和遊客介紹香港文學作品，講述百年香港文學故事，激發本港青少年對文學閱讀和創作的熱情，促進香港文學的傳承與發展。文學館每年將舉辦主題豐富的文學沙龍和寫作培訓課程，並邀請知名作家駐館與各位文學愛好者面對面交流。

## 現址簡介

香港文學館所在的茂蘿街七號是一座香港古建築，它的前身綠屋建於一九二〇年代，因回收時外牆以綠漆美化而得名，是典型的廣東式四層高唐樓。活化後的建築保留舊樓的紅磚牆、中式斜瓦頂、木樓梯和法式門窗等原有特色，外牆則還原了二十世紀初原來的黑白色，重現其歷史面貌。香港文學圖卷將在這裏一一展開，用現代跨界藝術為來訪者呈現一個更加豐富的文學世界，為這座古建築賦予新生與活力。

# 三大主題展覽 兩套大型文叢

香港文學館五月二十七日至八月二十六日推出「文學館開幕展——萬物有文，文裏有花」及香港文學常設展，此兩展在灣仔茂蘿街七號三樓舉辦；由香港作家聯會、香港文學館、中國現代文學館主辦的「南來作家手跡遺物展——走進文學的時光卷軸」則於五月十一至二十日在香港中央圖書館展出。

香港文學館開幕展展廳共有三個：一、關於香港文學與香港文學館；二、南來作家手跡精選；三、文學與跨界藝術。展廳一的展區細分如下：展區1為展前語；展區2為香港文學館介紹；展區3是香港文學館籌建歷程；展區4、5為互動——何為香港文學？展區6揭開香港文學圖卷。展廳二的展品包括金庸的讀書筆記、許地山的手稿、黃慶雲的肖像與手稿、葉靈鳳的手稿、張愛玲的《小團圓》手稿、蕭紅的信件等。展廳三的展區細分為文學與音樂、文學與電影、文學與繪畫、文學與多媒體等。

「南來作家展」為文學館開館熱身，凸顯香港新文學與中華文化，特別是「五四」現代精神的內在淵源，在香港中央圖書館用一千多尺的空間隆重呈現。這二十四位南來作家，經文學館學術委員論證，包括許地山（一八九三—一九四一）、曹聚仁（一九〇〇—一九七二）、戴望舒（一九〇五—一九五〇）、葉靈鳳（一九〇五—一九七五）、黃谷柳（一九〇八—一九七七）、徐訏（一九〇八—一九八〇）、蕭紅（一九一一—一九四二）、李輝英（一九一一—一九九一）、端木蕻良（一九一二—一九九六）、何達（一九一五—一九九四）、駱賓基（一九一七—一九九四）、高旅（一九一八—一九九七）、劉以鬯（一九一八—二〇一八）、阮朗（一九一九—一九八一）、秦牧（一九一九—一九九二）、司馬長風（一九二〇—一九八〇）、張愛玲（一九二〇—一九九五）、黃慶雲（一九二〇—二〇一八）、羅孚（一九二一—二〇一四）、徐速（一九二四—一九八一）、梁羽生（一九二四—二〇〇九）、金庸（一九二四—二〇一八）、金依（一九二七—二〇一六）、吳羊璧（一九二九—二〇一三）。

香港文學館將陸續推出兩套大型文叢——「香港文學作品選集」和「香港文學研究選集」，由館長潘耀明擔任總策劃，著名學者黃子平教授、許子東教授擔任主編、作家兼資深編輯舒非擔任副主編。

# 南來作家手跡遺物展

（香港文學館供圖）

開幕式剪綵

宋以朗先生與梁慕靈教授對談張愛玲

現場展板

香港文學館館長潘耀明致辭

現場展板

現場展板